Ron Stallworth

Le Noir qui infiltra le Ku Klux Klan

Traduit de l'anglais (États-Unis)
par Nathalie Bru

Éditions Autrement

Publié en langue originale sous le titre :
*Black Klansman : Race, hate,
and the undercover investigation of a lifetime.*

ISBN : 978-2-7467-5072-2

À ma femme, Patsy Terrazas-Stallworth,
et à Monsieur Elroy Bode

« Chaque fois qu'un homme se lève pour un idéal, agit pour améliorer le sort d'autrui, ou lutte contre l'injustice, il envoie une minuscule onde d'espoir. »

Robert Kennedy

« La façon la plus commune dont les gens se dépossèdent de leur pouvoir, c'est avec l'idée qu'ils n'en ont pas. »

Alice Walker

Note de l'auteur

Si un seul Noir, épaulé par une poignée de Blancs et de Juifs motivés, progressistes et éclairés, est capable de l'emporter sur une bande de racistes et de montrer quels abrutis illettrés ils sont vraiment, imaginez ce que pourrait accomplir une nation entière, animée par le même état d'esprit. La suprématie affichée des individus qui se revendiquent plus instruits, plus intelligents et de loin supérieurs aux Noirs, aux Juifs et à tous ceux qu'ils méprisent, n'a pas empêché ce qui va suivre ici. Mon enquête au sein du Ku Klux Klan a fini par me convaincre que nous triompherons bientôt de ceux qui n'envisagent les minorités qu'à travers leurs propres tares : racisme, xénophobie, intolérance ou fanatisme religieux ; de ceux qui dénient tout respect aux gens de couleur, ou à quiconque ne répond pas aux critères de la « race aryenne », et qui refusent de considérer ces derniers comme des êtres humains.

1.

Coup de fil du Klan

Tout a commencé un jour d'octobre 1978. Inspecteur à la brigade de renseignement de la police de Colorado Springs – et premier Noir à occuper un tel poste –, j'étais chargé, entre autres, de parcourir les deux quotidiens de la ville à la recherche d'indices sur des activités subversives susceptibles de nuire à la tranquillité et à la sécurité des citoyens. Les petites annonces ne manquaient jamais de m'étonner. Au milieu de la routine, entre stupéfiants et prostitution, on tombait parfois sur un message qui sortait vraiment de l'ordinaire. Et ce fut le cas ce jour-là.

Ku Klux Klan
Pour toute information :
BP 4771
Security, Colorado 80230

Moi qui voulais de l'inhabituel, j'étais servi.

Security, dans la banlieue sud-est de Colorado Springs, est une ville de garnison paisible, composée principalement de lotissements où vivent bon nombre de soldats des deux grosses bases militaires des environs : Fort Carson et le NORAD (le commandement nord-américain de la Défense aérospatiale). Aucune activité du Ku Klux Klan n'y avait jamais été signalée.

J'ai décidé de répondre à l'annonce.

Dans un bref courrier, j'ai expliqué que j'étais un Blanc qui souhaitait des renseignements sur les modalités d'adhésion au Klan. Et que je voulais faire avancer la cause de la race blanche. J'ai précisé que j'étais inquiet de voir « les négros prendre le pouvoir partout » et qu'il était temps que ça change. J'ai signé de mon vrai nom, Ron Stallworth, et indiqué le numéro de téléphone dédié aux opérations d'infiltration, une ligne sur liste rouge, intraçable, ainsi qu'une adresse aussi peu localisable. Puis j'ai glissé le tout dans une enveloppe que j'ai postée. Cette lettre allait marquer le début de la plus exceptionnelle et de la plus fascinante enquête de ma carrière.

Comme tous nos enquêteurs infiltrés, je disposais de deux fausses identités, assorties de tous les documents nécessaires : papiers, permis de conduire, cartes de crédit, etc. Alors pourquoi signer de mon vrai nom ? Qu'est-ce qui m'a fait perdre tout jugement et commettre cette erreur de débutant ?

La réponse est simple. Je n'imaginais pas un instant que ce courrier déboucherait sur une enquête. Je m'attendais dans le meilleur des cas à une réponse type, sous la forme d'une brochure ou d'un dépliant quelconque. À l'évidence, une petite annonce aussi ouvertement raciste ne pouvait être qu'une mauvaise blague. Mais j'étais curieux de voir jusqu'où son auteur pousserait la plaisanterie.

Et deux semaines plus tard, le 1er novembre 1978, le téléphone a sonné.

« Pourrais-je parler à Ron Stallworth, s'il vous plaît ?

— C'est moi.

— Bonjour, Ken O'Dell à l'appareil. Je suis chargé de monter la section du Ku Klux Klan de Colorado Springs. J'ai reçu votre courrier. »

Merde, et maintenant je fais quoi ?

« D'accord. »

Je gagnais du temps pour attraper un bloc-notes et un stylo.

« J'ai lu ce que vous avez écrit, a poursuivi Ken, et j'aimerais en savoir un peu plus sur vos motivations. »

Pourquoi je voulais rejoindre le Ku Klux Klan ? Jamais je n'avais imaginé qu'on me poserait un jour une question pareille. Ça me démangeait de lui répliquer : « Figurez-vous que j'ai envie de vous soutirer un maximum d'informations pour démolir le Klan et tout ce qu'il représente. » Mais j'ai résisté, j'ai respiré un grand coup, tout en me creusant la tête pour enchaîner rapidement sur un argument crédible. Et, bien sûr, j'ai formulé les choses tout autrement.

On m'avait traité de négro assez souvent au cours de mon existence lors de petites altercations de la vie courante qui avaient viré au torrent d'injures ou en service, lorsque je verbalisais ou arrêtais des gens, pour que je le sache : quand le mot « négro » sortait de la bouche d'un Blanc, toute la dynamique changeait. En l'utilisant, mon interlocuteur me faisait savoir qu'il se considérait intrinsèquement supérieur à moi et s'arrogeait un pouvoir fictif. « Négro », c'était le langage de la haine. Maintenant que je me faisais passer pour un des leurs, j'allais pouvoir l'utiliser aux dépens de ces suprémacistes blancs.

Je me suis lancé :

« Je déteste les négros, les Juifs, les Mexicains, les métèques, les niakoués et tous ceux qui n'ont pas cent pour cent de sang aryen dans les veines. » Au moment où j'ai prononcé cette phrase, j'ai su que mon opération d'infiltration commençait. « Y a pas longtemps, ma sœur s'est mise à traîner avec un négro. Et chaque fois que j'imagine les sales pattes noires de ce type sur son corps blanc et pur, ça me fout la gerbe. Je veux rejoindre le Klan pour qu'on arrête d'insulter la race blanche. »

J'avais touché la corde sensible. Ken s'est radouci, sa voix est devenue presque amicale. Il m'a appris qu'il était soldat à Fort Carson et qu'il vivait à Security avec sa femme. Il avait pour mission d'organiser une nouvelle section du Ku Klux Klan à Colorado Springs.

« Et le Klan prévoit d'agir comment ? »

J'étais prêt à noter.

« On a tout un tas de projets. Avec les fêtes qui approchent, on a prévu d'organiser un "Noël blanc" pour les familles pauvres. Interdit aux négros. »

Il cherchait à lever des fonds via une boîte postale. Et « l'Organisation », comme il l'appelait pour éviter le mot Klan, avait un compte en banque ouvert en ville au nom de White People, Org – Organisation du peuple blanc.

« On va aussi brûler quatre croix. Histoire de marquer le coup. On ne sait pas quand exactement, mais c'est dans les tuyaux. » Sidéré, j'ai arrêté d'écrire un instant. Quatre croix, ici ? À Colorado Springs ? Ce genre d'actions porte un nom : le terrorisme domestique, et ce n'est pas rien.

Ken m'a expliqué que l'adhésion me coûterait dix dollars puisque l'année était déjà bien entamée, et trente l'année suivante. Je devrais aussi m'acheter ma tenue de *klansman* : la robe et la cagoule en pointe.

« On peut se voir quand ? » m'a-t-il demandé.

Merde, comment je vais faire pour rencontrer ce type ?

« Je suis pris toute la semaine, ai-je répondu.

— Alors dans ce cas, disons jeudi soir prochain ? Au Kwik Inn, vous le situez ?

— Oui.

— Dix-neuf heures ? Devant, vous trouverez un grand type maigre genre hippie, un Blanc qui fume un cigare, avec une barbe à la Fu Manchu. C'est lui qui vous conduira à moi si tout a l'air réglo. »

Je ne perdais pas un mot de ces informations.

« D'accord. »

Ken a demandé :

« On fera comment pour vous reconnaître ? »

C'était la question que je me posais depuis le début de notre échange. Comment le flic noir que j'étais allait se faire passer pour un suprémaciste blanc ? J'ai pensé aussitôt à Chuck. Un collègue des stups, à peu près de la même taille et de la même corpulence que moi. Je n'ai pas pris le temps de réfléchir.

« Je fais un mètre quatre-vingts et dans les quatre-vingts kilos. Je suis brun et barbu.

— Très bien. Content de vous avoir parlé, Ron. Vous êtes exactement le genre de personne qu'il nous faut. J'ai hâte de faire votre connaissance. »

Et il a raccroché.

Pour la deuxième fois, j'ai respiré un bon coup : *Putain, et maintenant je fais quoi ?*

2.

Jackie Robinson et les Black Panthers

Il ne me restait plus qu'à lancer une opération d'infiltration. Une enquête sur les projets d'implantation du Klan en ville. J'avais alors quatre ans d'expérience dans le renseignement et piloté pas mal de dossiers. Mais celui-ci promettait de ne ressembler à aucun autre.

Enfant, je n'avais jamais rêvé d'être flic. En fait, je m'étais toujours vu professeur d'éducation physique dans un lycée. Mais intégrer la police de Colorado Springs m'avait permis de payer mes études.

J'étais entré au service de la ville en 1972, à dix-neuf ans. Le programme des cadets était ouvert aux diplômés de l'enseignement secondaire désireux d'avoir une formation rétribuée et, éventuellement, d'entamer une carrière dans la police. Ils étaient soumis à la même série d'épreuves et on attendait d'eux les mêmes résultats que les policiers recrutés par la voie classique. Une fois acceptés, les jeunes débutaient à 5,25 dollars de l'heure, largement plus que le salaire minimum de 1,60 dollar de rigueur à l'époque. En plus de leurs fonctions au sein du service – le stationnement et le traitement des casiers judiciaires essentiellement –, les cadets étaient tenus d'assister aux cours dispensés par l'Académie de police.

À mon arrivée, le programme des cadets avait environ quatre ans. Et j'avais une idée précise en tête : booster le recrutement des minorités. En particulier celui des Noirs. Sur ce plan, l'échec était complet : jusqu'à mon arrivée, il n'y avait pas eu un seul Noir dans la police. Un Portoricain et deux Mexicains mis à part, tout le monde était blanc.

Lors de mon entretien d'embauche, je m'étais retrouvé face à l'assistant du chef de la police chargé du personnel (un Blanc), au capitaine de la division des patrouilles en uniforme (un Blanc) et face à James Woods, le responsable des ressources humaines de la ville de Colorado Springs (un Noir, mais civil).

Woods m'avait tout de suite marqué de l'intérêt. C'était un type conciliant, au sourire facile, ce qui n'enlevait rien à l'énergie qu'il déployait pour changer un système partial et préjudiciable aux Noirs. Avec toute la passion qu'il mettait à

« résoudre » ce problème structurel, il s'était empressé de me détailler les obstacles que j'allais rencontrer.

« Vous avez bien compris qu'il n'y a pas de Noir dans nos services ? La police ici est on ne peut plus blanche. Vous devrez avaler pas mal de couleuvres. Ces gens n'ont jamais affaire à des Noirs, sauf quand ils les arrêtent. Vous êtes sûr que vous n'aurez pas de problème à ne côtoyer que des Blancs ?

— Non. Ça ne sera pas la première fois qu'on me traitera de tous les noms. Je peux l'encaisser.

— Vous connaissez Jackie Robinson, le joueur de baseball ?

— Oui.

— Eh bien, si Jackie a réussi, c'est parce qu'il a choisi de ne pas riposter. Il a répondu au racisme par le silence. Vous pensez en être capable ?

— Oui. »

Je regardais Woods dans les yeux, la tête droite. Je me connaissais bien. Je savais ce que ça faisait d'être insulté, d'être regardé avec suspicion, avec haine même. Je n'étais pas du genre à la fermer quand on s'en prenait à moi, mais je savais aussi que j'étais capable de choisir le moment pour me battre.

On me posa une série de questions sur mon enfance à El Paso, au Texas, à la frontière avec le Mexique. Et en particulier sur ce que ça faisait d'être un jeune Noir dans une ville du Sud au cœur des années 1960, en plein mouvement pour les droits civiques. En fait, El Paso était une ville texane très progressiste. Nous étions épargnés par les violences qui faisaient rage dans le Sud profond. Et nous n'en savions que ce qu'en montrait le journal de la nuit. Pour moi, le mouvement pour les droits civiques était une émission télévisée. Mon quotidien était multiculturel. J'étais entouré de Mexicains, de Noirs et de Blancs. Avec beaucoup de militaires d'origines diverses. C'était un coin à part de l'Amérique, même si l'intolérance existait comme ailleurs. J'étais né à Chicago, et quitter le Southside pour aller s'installer loin de la pauvreté, des gangs et des conflits, avait été la meilleure décision que ma mère ait jamais prise. Sans ça, je n'aurais pas eu la même vie.

Woods laissa les policiers m'interroger les premiers. Ils s'attardèrent longuement sur mon style de vie : est-ce que j'étais un homme à femmes ? Non. Est-ce que j'allais en boîtes de nuit ? Rarement. Est-ce que j'étais porté sur la boisson ? Je buvais peu. M'arrivait-il de consommer des substances chimiques ? Seulement celles que me prescrivait le médecin. Je n'avais jamais pris de drogue, pas même de la marijuana. À cette époque et à mon âge, c'était du jamais vu. Et les officiers m'avaient bien cuisiné là-dessus. Est-ce que j'avais été impliqué dans quoi que ce soit susceptible de ternir l'image des services ? Non.

Au fil de l'entretien, les questions devenaient de plus en plus explicites. Et le mot « négro » avait fini par jaillir. Comment je réagirais si des collègues ou des civils (quand je n'étais pas en service) l'utilisaient contre moi ?

Est-ce que je parviendrais à me maîtriser ? À ne pas m'en prendre à ceux qui franchiraient la ligne jaune ? Et jusqu'où irait ma loyauté vis-à-vis des services ? Dès qu'ils sauraient que je travaillais pour la police, mes « frères noirs » ne manqueraient pas de me compromettre en faisant appel à mon sens de la « communauté ». Est-ce que j'étais taillé pour résister ?

Aujourd'hui, au regard des lois qui encadrent les entretiens d'embauches, on parlerait clairement de questions racistes. Mais on était en 1972, à peine trois ans après les émeutes et la lutte pour l'égalité des droits civiques qui avaient mis les plus grandes villes américaines à feu et à sang. La rhétorique raciale et les slogans tels que *Black Power* (« le pouvoir aux Noirs »), *Kill Whitey* (« Tuez les Blancs »), *Revolution has come, time to pick up the gun* (« La révolution est là, il est l'heure de prendre les armes ») avaient beau être en perte de vitesse, le Black Panther Party restait une force sociale avec laquelle il fallait compter. Pendant la majeure partie de son histoire, la police « blanche » n'avait côtoyé les Noirs que dans un contexte extrêmement négatif. Aux yeux des recruteurs, ces questions étaient aussi légitimes que nécessaires.

Ils insistaient. Si ma candidature était retenue, est-ce que j'endurerais les comportements déplacés ? Pendant mon année de probation, je devrais affronter ça au quotidien. Sans jamais m'en prendre à mes bourreaux, si je ne voulais pas mettre ma carrière en péril.

Inlassablement, ils revenaient à la même question : est-ce que j'étais de la trempe d'un Jackie Robinson ? Pendant sa première année en ligue majeure, le joueur de baseball en avait bavé. Mais il avait su rester impassible face aux agressions racistes, aussi bien verbales que physiques. Est-ce que j'avais assez de force de caractère pour démontrer qu'un Noir était aussi capable qu'un Blanc de porter l'uniforme ? Capable de prouver qu'un homme de couleur méritait d'évoluer sur un pied d'égalité avec les autres policiers de Colorado Springs ?

Oui.

Oui, je pouvais accomplir tout ce que le poste exigeait de moi. Et j'en serais honoré.

Ce que j'ai omis de leur dire, c'est que dans les années 1960, se respecter soi-même impliquait de se battre. Toute mon enfance, mes parents m'avaient incité à agir exactement à l'inverse des préconisations de mes recruteurs. Selon mon père, si un type me traitait de négro, « j'avais intérêt à lui envoyer mon poing dans la figure » pour lui apprendre à me parler autrement. À l'école, j'avais appliqué la règle à la lettre. À trois reprises.

Et chaque fois, ça m'avait attiré des ennuis avec les enseignants. J'avais dû raconter l'histoire à ma mère. Loin de se mettre en colère, elle me disait : « J'espère que tu leur as mis une bonne raclée. » Je répondais toujours oui. Même si en deux occasions, c'était moi qui m'étais pris cette « bonne raclée ». En tout cas, ces gars-là ne m'avaient plus jamais traité de négro.

Je répondis sans doute aux attentes des recruteurs, car le 13 novembre 1972, je prêtai serment. On m'affecta, en service de nuit, au bureau des archives et de l'identité judiciaire, avec pour mission de classer des montagnes de paperasses.

Mais, avant de me plonger dans ce boulot passionnant, je fus sommé d'aller chercher mon uniforme.

On reconnaissait les cadets à leur tenue marron, un pantalon en toile foncé et une chemise plus claire. Alors que l'uniforme de la police était bleu.

Dans les deux cas, la chemise était ornée de l'écusson de la ville de Colorado Springs et nous étions tous tenus de porter la casquette réglementaire.

À l'époque, j'avais une coiffure afro. Pas bien volumineuse, mais afro quand même. Visiblement, c'était une première pour le lieutenant en charge du matériel. Il prit les mesures, le mètre ruban bien plaqué sur la peau de mon crâne, sans tenir compte de l'épaisseur de mes cheveux. Il me tendit une casquette. Impossible de la coincer entre mes deux oreilles. Elle restait en équilibre instable sur le haut de mon crâne. J'avais l'air d'un de ces singes savants affublés d'un chapeau minuscule qui font la manche au son d'un orgue de barbarie. Je lui signalai le problème d'un geste.

« Il va peut-être falloir songer à se faire couper les cheveux », me répondit-il en rigolant.

Je décidai de le laisser à son arrogance et pris la casquette sans protester.

Tout agent était tenu de la porter quand il quittait le bâtiment. Et dès le lendemain, je franchis la porte la tête haute, arborant fièrement mon uniforme de cadet et ma casquette trop petite. Dans la rue, on me dévisageait d'un air amusé, on me montrait même du doigt. Je pris le parti de répondre d'un salut réglementaire.

Un mois plus tard, le directeur général de la police m'aperçut alors que je rentrais de déjeuner.

« Pourquoi portez-vous votre casquette de cette façon ?

— Le lieutenant n'a pas voulu tenir compte de mes cheveux. »

Le directeur m'expédia chez le lieutenant. Ce dernier devait me procurer sur-le-champ une casquette à ma taille. Et à moi de préciser qu'il s'agissait d'un ordre « venu d'en haut ». Je ne me le fis pas dire deux fois. Le lieutenant n'apprécia ni mon large sourire ni le plaisir évident que je pris à lui transmettre le message. Il disparut en ronchonnant pour resurgir les mains chargées de casquettes de toutes les tailles. Premier round : j'avais battu le lieutenant à son propre jeu. Jackie Robinson pouvait être fier de moi.

Woods m'avait prévenu. Les débuts seraient rudes.

À l'époque, j'étais encore agent de patrouille et en service de nuit au bureau des archives avec John, un vieux blanc, technicien de l'identité judiciaire. Pour tuer le temps, on se balançait les noms des stars avec lesquelles on rêverait de passer une nuit. John était tout émoustillé et d'humeur joviale. On s'accordait sur le nom de Blanches irrésistibles, et puis je citai le nom de la voluptueuse et sensuelle Lola Falana. L'une des stars de Las Vegas. Le sourire de John disparut. Lola Falana ? Il ne savait pas si elle était belle ou non, me dit-il. Sincèrement, il se sentait incapable d'évaluer la beauté d'une femme de couleur, d'ailleurs il ne se posait même jamais la question de savoir si une femme de couleur était belle ou pas. Et il conclut : « Je ne connais pas vos critères à vous, les Noirs, pour définir la beauté d'une femme. »

John était un brave gars et je n'étais pas mécontent de le voir au boulot, mais notre relation ne fut plus jamais la même après cette sortie.

J'étais stupéfait. Sans le savoir et sans le vouloir, ce vieux monsieur venait de me flanquer une claque magistrale. Avec toute l'innocence de mes dix-neuf ans, je croyais pour ma part qu'une femme était juste… une belle femme, qu'elle soit noire, blanche ou de n'importe quelle autre couleur de l'arc-en-ciel.

Toujours aux archives, je fis la connaissance d'Arthur, de Jim et des autres membres de la brigade des stups. Chuck, celui qui me servirait de doublure dans le cadre de mon enquête sur le Klan, n'avait pas encore intégré la police. Les stups avaient leur bureau au sous-sol et venaient me trouver au rez-de-chaussée pour récupérer les casiers des suspects sur lesquels ils enquêtaient.

J'étais séduit par leur allure débraillée, par leurs cheveux longs, leurs barbes. Ils ressemblaient à s'y méprendre aux types qu'ils devaient coincer. Tout le monde ici les appelait « les hippies », mais avec respect. La consigne était claire : en public, on ne devait jamais les saluer, au risque de compromettre leur couverture s'ils étaient en mission, et même de mettre leur vie en danger.

Ces types me fascinaient. Une allure de voyou et une âme de justicier. Je voulais être un des leurs.

Mais je le savais, il me faudrait patienter au moins quatre ans avant de pouvoir passer inspecteur des stups, à condition qu'un poste se libère. À condition surtout d'admettre le principal obstacle : pas une fois, la police de Colorado Springs n'avait recruté d'inspecteur noir dans ses rangs.

L'équipe des stups s'était habituée à ma présence et à mes questions incessantes. J'en profitais quand ils venaient me commander une recherche de casier. Je voulais tout connaître de leur quotidien, des rouages d'une infiltration, du langage des rues, de l'argot des dealers, du prix des doses. Je voulais comprendre comment réagir à tel ou tel scénario, comment détecter le détail qui sortait de l'ordinaire. Je comparais les scènes de film à leur expérience du terrain. Est-ce que ça se passait vraiment ainsi ? En peu de temps, avec mon inlassable curiosité et mon enthousiasme de gamin, j'étais devenu l'emmerdeur de service, mais je m'étais fait remarquer par les policiers qui comptaient à la brigade des stups.

Néanmoins, c'était loin de suffire. Si je devais taper dans l'œil de quelqu'un, c'était dans celui du sergent Arthur qui dirigeait la brigade. C'était lui qui détenait le pouvoir de me faire entrer en « terre promise ».

Très vite, mon rêve de devenir professeur de sport se dissipa. Je me pris à adorer mon rôle de cadet. J'adorais l'uniforme, le sentiment d'appartenir à une équipe, le rapport avec le public. Je finis même par aimer la paperasse et la pêche aux dossiers pour mes collègues. J'évoluais dans un environnement complètement nouveau. J'étais devenu un représentant de la ville, à son service. Je devais apprendre à communiquer avec des gens de tous horizons. Quand on les verbalisait, ils perdaient facilement leur sang-froid. Face aux insultes, je restais ferme. Mais si on mettait en doute ma capacité à incarner la loi, j'étais plus blessé que par les injures racistes. Je commençais à avoir le métier de flic dans la peau. À comprendre ce qu'était un homme.

Se voir confier des responsabilités susceptibles d'affecter des vies, c'était autre chose que de travailler dans un fast-food. J'ai très vite mûri.

Le 18 juin 1974, jour de mon vingt-et-unième anniversaire, je prêtai serment en tant qu'agent de police de Colorado Springs. J'étais le premier Noir diplômé du programme des cadets. Je rentrais dans l'histoire de la ville. Et mon avenir promettait d'être palpitant.

Pourtant, la cérémonie ne fut pas parfaite.

Nous étions deux diplômés. Ralph Sanchez se présenta devant le maire en costume cravate, alors que j'avais choisi un simple pantalon de toile, un T-shirt à manches longues de couleur sombre et une veste légère. Le tout impeccablement amidonné et repassé. On m'avait demandé de me mettre « sur mon trente-et-un » et, de mon point de vue, c'était le cas. De plus, j'avais réussi les épreuves du concours, je faisais déjà partie du personnel du CSPD (Colorado Springs Police Department), et je n'étais pas là pour impressionner le maire ni les trois représentants de la ville qui m'avaient fait passer mon entretien d'embauche. C'était mon côté rebelle.

Ralph et moi démontrions pour la première fois que nous n'avions pas la même façon d'obéir. La cérémonie de prestation de serment donna le ton de nos carrières. Chez les cadets, Ralph et moi partagions le même objectif, mais une fois que nous l'avions atteint, notre amitié tourna au vinaigre. Plus âgé de six mois, Ralph fut le premier de nous deux à rejoindre les rangs de la patrouille en uniforme. Il me fit rapidement sentir qu'il attendait que je le traite avec la déférence due à un chef. J'en étais d'autant plus incapable qu'il ne m'inspirait aucun respect. C'était l'agent de patrouille modèle. Le parfait « béni-oui-oui », ou, pour le dire clairement, un « lèche-cul ». Toujours à plier devant ceux qui pouvaient servir ses ambitions personnelles, à envisager son entourage en termes d'opportunités pour sa carrière, Ralph suivait le protocole à la lettre, sans même penser y déroger. Il avait une vision étroite du monde. Et ses efforts ne le menaient à rien, ses collègues ne l'aimaient pas, quand ils ne le méprisaient pas. Moins de six mois après sa prestation de serment, il se rendit coupable d'un acte ignoble.

En plein jour, il tua un cambrioleur connu de nos services. L'adolescent l'aurait menacé d'une arme. Sauf qu'on ne trouva pas d'arme sur le corps du garçon. Ralph ne dut de sauver sa peau devant le Grand Jury qu'aux brillants tours de passe-passe du procureur du comté d'El Paso. Il conserva son poste, mais perdit toute crédibilité auprès de ses pairs. Il en souffrait. Incapable de se remettre en question, il poursuivit ses rêves de carrière en flattant ses supérieurs. Et ces derniers persistèrent à l'ignorer.

De mon côté, malgré mon anticonformisme naturel, j'étais assez malin pour m'en affranchir au bon moment. Je choisissais quand et comment aller contre le « système », tout en prenant soin de ne pas pousser le bouchon trop loin.

En uniforme, j'avais la classe, c'est vrai. Mais je ne comptais pas rester agent de patrouille toute ma vie. La fréquentation des enquêteurs des stups avait planté la graine de ma vocation. Et je n'avais plus qu'un seul objectif : devenir l'un d'eux.

À peine la cérémonie de prestation de serment terminée, je filai au bureau d'Arthur pour lui brandir ma carte professionnelle et mon certificat de travail tout neuf. Histoire d'en remettre une couche, j'ajoutai : « Maintenant que c'est officiel, vous allez me prendre aux stups ? »

Mon audace et mon obstination l'amusaient. « D'abord, il va falloir passer au moins deux ans en uniforme. C'est la règle. »

J'étais loin de me douter que la chance me sourirait bien plus vite.

Je passai dix mois à jouer les agents de patrouille, à coller des amendes et à envoyer des types bourrés en cellule de dégrisement. Chaque fois que l'occasion se présentait, je relançais Arthur « Faites-moi entrer aux stups ! » Jusqu'au jour où il me demanda : « Ça vous dirait de participer à une opération d'infiltration, Ron ? »

Je n'hésitai pas un instant.

« Oui !

— Stokely Carmichael, le chef du Black Panther Party, est en ville pour un meeting. On s'inquiète de l'impact qu'il pourrait avoir. De ce qu'il va dire. On a besoin d'un Noir pour aller jeter un œil. Nos officiers blancs auront du mal à passer inaperçus. »

Ancien chef du SNCC (Student Non-Violent Coordination Committee), organisation à l'origine des sit-in dans les commerces blancs des États du Sud refusant de servir les Noirs, Stokely Carmichael, qui se ferait bientôt appeler Kwame Toure, était aussi l'ancien Premier ministre du Black Panther Party et l'une des figures du mouvement pour les droits civiques, à l'instar de Martin Luther King et de Malcolm X. C'est à lui qu'on attribuait déjà la paternité du célèbre *Black Power*, slogan de l'émancipation noire, scandé le poing levé.

Stokely devait faire un discours dans un dancing noir très couru du centre de la ville, le Bell's Nightingale.

À Colorado Springs, les Noirs fréquentaient deux boîtes de nuit : le Bell's Nightingale et le Cotton Club. Ce dernier, propriété de la femme d'affaires noire Fanny Mae Duncan, était le repaire des prostituées et de leurs macs – les agents de police avaient pour mission de garder un œil vigilant dessus, surtout les soirs où les GI recevaient leur solde. Le Bell's Nightingale se situait dans une petite rue, un peu à l'écart de l'effervescence de l'avenue principale, et, de ce fait, sa clientèle était – disons – moins louche.

Moyennant un ticket d'entrée abordable, le meeting de Stokely était ouvert au public. On y attendait en masse le gratin des citoyens noirs de Colorado Springs et les jeunes révolutionnaires du coin. Stokely avait conservé l'aura de sa gloire passée, quand ses propos semaient la crainte jusqu'au sommet du pouvoir blanc.

L'issue du meeting était imprévisible. Inquiets, mes supérieurs faisaient appel à moi en tant qu'agent d'infiltration.

Pas question de laisser filer ma chance. Le temps était venu de leur prouver mon courage. Et l'occasion m'en était donnée face à l'un des leaders du mouvement pour les droits civiques, un homme dont j'avais suivi les prises de positions quand j'étais adolescent, un agitateur qui provoquait cette police que je représentais désormais.

Les gens du service avaient alors une forme de considération pour la rhétorique persuasive de Stokely. Ils lui prêtaient de tels pouvoirs qu'ils voulaient un observateur « de l'intérieur », quelqu'un qui pourrait juger de sa prestation. On craignait que son message ravive la ferveur des Noirs. Personne n'en disait rien, mais Arthur et les huiles du service redoutaient que Stokely n'embrase notre ville, comme Détroit s'était embrasé en 1967. J'avais pour consigne d'écouter son discours, d'évaluer la réaction du public et de les informer des mesures à prendre pour éviter les dérapages.

Le soir du meeting, je me présentai au bureau des stups, dans la tenue qui me semblait cadrer avec une « soirée en boîte » – pantalon pattes d'éléphant, chemise col pelle à tarte et veste pour dissimuler le flingue – très *Fièvre du samedi du soir*.

Tout en m'installant un micro qui permettrait aux agents en renfort d'entendre mes conversations, on me bombarda de conseils destinés à couvrir tous les scénarios imaginables.

Si le suspect te propose un rail de coke, comment tu réagis ?

Tout dépend des circonstances. Je refuse poliment, en disant que je ne suis pas d'humeur. Je reste cool. J'accepte si je peux obtenir le nom du dealer. Si ça permet de le serrer plus tard, autant en profiter.

Et si on te tend un joint ?

Même réponse que pour la cocaïne.

Si on pointe une arme sur toi ?

C'est plus compliqué. Mais on doit toujours se souvenir qu'on est équipé d'un micro. Des agents écoutent, on n'est pas seul. Il faut communiquer. Garder son calme et entortiller l'agresseur, dans la mesure du possible : « OK, intéressant ce flingue pointé sur ma poitrine. C'est quel modèle ? Un blue steel magnum ? Il est chargé ? Six balles ? » Histoire d'informer précisément les agents en planque sur la situation.

Il ne faut agir en solitaire qu'en dernier recours.

D'autres agents me briefèrent sur le tarif des doses, on vérifia que je maîtrisais à peu près l'argot en usage dans le milieu. De toute évidence, les stups étaient sur les nerfs à l'idée d'envoyer un bleu dans cet environnement.

La ville me fournit cent dollars dans le cas d'une transaction illégale. Arthur nota les numéros des billets. C'était eux qui nous permettraient éventuellement une arrestation ultérieure. Enfin, je signai un reçu, charge à moi de dépenser la somme ou de la rendre.

J'étais grisé, mon taux d'adrénaline montait en flèche. Durant cette formation en accéléré, j'absorbai la moindre information. Tout ce que mon jeune cerveau inexpérimenté était à même d'enregistrer.

Ultime répétition des consignes : rester concentré sur le discours de Stokely Carmichael. Sur les réactions dans la salle. Acheter de la drogue, à condition de pouvoir identifier le dealer d'une manière ou d'une autre. Habitué au strict respect du règlement, je posai la question qui me taraudait depuis le début : avais-je le droit de commander de l'alcool au bar ?

Ils éclatèrent de rire. À les écouter, c'était la question de tous les nouveaux à la brigade des stups. Arthur apaisa mes craintes. Aucun problème pour un ou deux verres, pourvu qu'ils servent les intérêts de l'enquête. Mais je ne devais jamais oublier que toute consommation de substances licites ou pas serait utilisée devant la cour, examinée sous toutes les coutures si l'enquête aboutissait à un procès. Et il en allait de même avec les propos que j'aurais tenus pendant ma mission.

On me confia un véhicule banalisé, un appareil de communication radio et me voilà en route pour le Bell's Nightingale. La soirée commençait à peine, déjà des voitures étaient garées partout. La prestation de Stokely promettait d'être un succès. Une fois réglés les trois dollars pour écouter le « Stokely Carmichael Speaks », je me mêlai à la foule. Je pris soudain conscience que j'étais une taupe en service commandé, et je sentis le trac me gagner au moment où je reconnus plusieurs personnes que j'avais eu l'occasion de verbaliser. Sans compter nos « stars du ghetto » – macs, prostituées, dealers, jeunes voyous. Je me fis l'effet d'être Daniel dans la fosse aux lions : une proie prête à être désignée puis dévorée.

Tous ceux qui étaient rassemblés ici pour le discours de Carmichael avaient en commun une sainte horreur de la police. Exacerbée lorsque le policier est noir. À leurs yeux, je n'étais pas un Noir, juste un flic qui se trouvait être noir. Un « traître » à la cause des frères révolutionnaires, précisément celle à laquelle Stokely avait consacré sa vie. J'incarnais la compromission et tout ce qu'ils voulaient abattre : le Blanc – un « diable » –, la société raciste et la structure de domination qu'il avait instaurées. Les frères dans mon genre étaient les prisonniers de l'enfer, un néant où nous nous perdions – trop noirs pour les Blancs malgré nos états de service, et « trop flics » pour les *soul brothers*, nos frères noirs qui défendaient les droits civiques et prônaient la révolution sociale. Tous les citoyens de couleur ne voyaient cependant pas les flics noirs avec la même suspicion cynique, loin de là. Aux yeux de beaucoup, nous n'étions pas des brebis égarées, juste des gens qui, policiers ou pas, partageaient avec nos frères une vie d'humiliations basée sur la couleur de la peau et sur des facteurs sociaux.

Mais pour les révolutionnaires de la trempe de Stokely, ceux qui acceptaient de porter l'uniforme et de se mettre au service d'un « gouvernement d'oppression » devenaient des « esclaves domestiques » – des nègres de maison, des Judas ayant sciemment choisi de collaborer avec leur *massa*, leur « maître », pour le compte de la « justice de l'homme blanc ». Notre mission consistait à faire respecter des lois injustes, spécifiquement conçues pour écraser leurs victimes. « Larbin » du système de l'homme blanc, c'est ainsi que me voyaient mes soi-disant frères noirs.

Ce soir-là, j'étais fier d'être à la fois noir et flic. Fier de la couleur de ma peau. J'admirais Stokely car, grâce à lui, grâce à Martin Luther King, à Malcolm X, à Rosa Parks, à Recy Taylor, à John Lewis et à d'autres, nos conditions de vie s'amélioraient. Mais projeté dans cette situation nouvelle, je faisais très bien le distinguo entre le flic à la peau noire et l'homme noir dans l'Amérique blanche.

Ici et là, j'apercevais quelques Blancs : les *wiggers* comme on les appelle dans la communauté hip-hop, pour *white niggers*. Les Blancs qui rêvent d'être noirs.

Je trouvai une table à l'arrière du bar, où était assise une fille plutôt jolie. Une Allemande. Avec sa permission, je pris place à côté d'elle, dos au mur, une habitude des agents infiltrés – et des flics en général – pour avoir une vue d'ensemble sur la salle au cas où une altercation éclaterait. Je repérai aussi la sortie la plus proche, en prévision d'un départ précipité.

La fille, qui avait accepté ma compagnie, lia rapidement conversation dans son anglais au fort accent allemand. Elle flirtait de toute évidence. Cet imprévu m'embarrassa, car je commençais à fréquenter celle qui allait devenir ma femme cinq ans plus tard. Nous n'étions pas encore véritablement engagés, mais au fond de moi je savais secrètement que je pousserais la relation aussi loin qu'elle m'y autoriserait. Malgré ça, j'étais flatté par l'intérêt de la jeune Allemande. J'avais vingt-et-un ans, j'étais célibataire et sans attaches. Je réagis d'instinct comme la plupart des hommes. Heureusement, j'étais bien trop discipliné et dévoué à mon métier pour me laisser distraire par son attitude enjôleuse. C'était une ligne que je n'avais pas l'intention de franchir.

Je commandai un rhum Coca, première boisson alcoolisée que je consommais en service, et j'offris courtoisement un verre à la demoiselle. Je fis bifurquer la conversation vers les drogues. Elle me proposa de me présenter un copain qui avait de la marijuana ou de la cocaïne à vendre. Avant que j'aie le temps d'avancer plus loin, Stokely Carmichael fit son entrée, accueilli par une *standing ovation* de la foule, poing levé, symbole de la fraction Black Power. Des *Right on brother !* – « c'est ça, frère ! » – et des *Black Power !* fusèrent un peu partout dans la salle. Mon invitée n'était pas en reste. Elle brandit haut son poing blanc en joignant ses *Black Power* à la voix des autres avec son fort accent allemand. Je ris et me contentai d'applaudir. Le discours de Stokely se déroulait dans la droite ligne de sa pensée, ponctué de références à ses convictions philosophiques issues du panafricanisme. Une idéologie prônant la solidarité économique, sociale et politique au sein de la diaspora africaine, fondée sur un héritage historique partagé et qui trouvait son ciment dans la lutte contre un ennemi commun : la race blanche. Associé à la promesse d'une révolution marxiste qui renverserait le système politique américain, le message de Stokely ne pouvait que séduire les masses noires et susciter l'inquiétude de mes supérieurs.

Stokely était fascinant. Il savait moduler sa voix, provoquer la liesse, puis plonger son auditoire dans un silence religieux l'instant d'après, comme face au sermon du dimanche matin. On aurait dit un marionnettiste qui tirait les ficelles de nos émotions pour nous embarquer sur un chemin que nous n'étions pas encore conscients de vouloir emprunter.

Plusieurs fois, je me sentis hypnotisé par son raisonnement, aux dépens de l'institution que je représentais et des Blancs qui m'inspiraient généralement de l'affection. Quand je me surpris en train d'applaudir avec enthousiasme ou de brailler un *Right on brother !*, je me repris aussitôt, me souvenant que nous occupions des rôles adverses, espérant que mes talents d'agent d'infiltration étaient assez bons pour que les collègues qui m'écoutaient à l'extérieur ne détectent pas la sympathie et l'approbation dans ma voix. Tenant son auditoire – et moi-même – dans le creux de sa main, Stokely attaquait sans ménagement. « Il n'y a qu'une chose, lança-t-il, et leur histoire le démontre, que les Blancs ont exceptionnellement bien comprise : c'est le pouvoir des armes. » Il appelait sans ambiguïté les masses noires d'Amérique à s'armer en prévision de la « grande » révolution. À ce moment-là, les applaudissements, les *Right on brother* et les *Black Power* redoublèrent.

La présentation se termina par une nouvelle *standing ovation.* Ses hôtes du Bell's Nightingale formèrent alors une haie d'honneur afin de permettre à l'orateur de venir à la rencontre de ses admirateurs, désireux de toucher un représentant vivant de l'histoire noire contemporaine. Je me joignis à eux. Arrivé à la hauteur de Stokely, je fus frappé par la majesté de son physique.

La peau chocolat, parfaitement lisse, Stokely devait faire un mètre quatre-vingt-quinze environ. Comme je lui serrai la main, il m'adressa un de ses sourires chaleureux et communicatifs, découvrant les dents les plus blanches et les plus parfaites que j'aie jamais vues. *Sacrément beau gosse.*

Ma main toujours dans la sienne, je lui demandai s'il croyait inévitable un conflit armé entre les races. Il serra mes doigts plus fort et m'attira vers lui pour approcher mon visage du sien. Balayant rapidement la salle du regard, il me murmura : « Frère, arme-toi et tiens-toi prêt parce que la révolution est en marche et il va valoir tuer des blancs-becs. Fais-moi confiance, elle arrive. »

Je quittai le club pour le débriefing au poste avec mon équipe. Ma première mission d'infiltration venait de s'achever. En même temps que mon premier contact avec l'histoire. Grâce au micro, ils savaient déjà ce que Stokeley m'avait dit à l'oreille. Mon rôle était de rendre compte de l'ambiance : électrique, excitante, mais dénuée de colère excessive malgré les propos de Stokely Carmichael. L'homme n'incitait pas à la violence immédiate. Une fois les indispensables rapports rédigés, je rentrai chez moi, encore exalté par ma soirée.

Je n'aurais pu souhaiter mieux pour ma vie professionnelle. Simple flic en uniforme, je m'étais vu confier une mission spéciale pour les stups. Trois mois plus tard, je devenais officiellement inspecteur dans leur équipe, spécialisé dans l'infiltration. Le premier Noir dans l'histoire de la police de Colorado Springs et, comme je l'appris plus tard, la plus jeune recrue.

Pour ma première mission, j'avais infiltré les Black Panthers. Quelques années plus tard, j'allais voir l'envers de la médaille. Avec le Klan.

3.

Je suis la voix, tu es le visage

En matière d'infiltration, j'avais enfreint deux ou trois règles de base. La première : toujours avoir un plan d'action avant de s'engager. La deuxième : ne jamais se servir de son vrai nom – un péché capital. Enfin, j'avais communiqué à la légère l'adresse et le numéro de téléphone utilisés pour les opérations.

Quand l'enquête a débuté, j'étais dans la police depuis quatre ans. Et j'en avais passé trois en infiltration pour les brigades des stups et des mœurs. J'avais beau connaître toutes les ficelles de ce genre d'opérations, dans ce cas particulier, j'avais fait preuve de désinvolture. Par chance, les gens auxquels j'avais affaire n'étaient pas des lumières, si bien que mes erreurs de départ ne mettraient pas en péril l'issue de l'enquête. Sans le vouloir, j'avais même semé les graines de son succès.

À peine avais-je raccroché avec le représentant du Klan, que j'ai prévenu mon sergent, Ken

Trapp. Je souhaitais être épaulé par Chuck. Trapp n'y voyait pas d'inconvénient. Dans la foulée, j'ai appelé Arthur, le chef des stups, passé lieutenant, afin de lui demander de me confier Chuck pour une infiltration le 9 novembre.

Je lui ai expliqué le but de mon enquête : collecter un maximum de renseignements sur la menace grandissante que représentait le Klan pour Colorado Springs en particulier, et pour le Colorado en général. L'objectif était de prévenir d'éventuels actes de terrorisme. À n'importe quel moment, nous pouvions mettre un terme à leurs manœuvres en arrêtant des membres du Klan sous prétexte d'infractions mineures. Mais c'était l'assurance de voir l'enquête bouclée trop rapidement. Je voulais savoir jusqu'où ils étaient prêts à aller, et pour ce faire pousser l'investigation aussi loin qu'elle me mènerait. Aux stups, Arthur était plus habitué aux coups de filets rapides qu'à la lente collecte de preuves. Il ne comprenait rien au renseignement. Il a refusé d'accéder à ma demande.

« D'abord, je n'ai pas les effectifs suffisants, a-t-il dit. Et puis, dès que ce Ken entendra la voix d'un de nos agents blancs, il comprendra qu'il a eu un Noir au téléphone.

— Qu'est-ce qu'un Noir a de si spécial au téléphone ?

— Vous savez bien… »

Arthur était un peu trop vague pour moi, j'ai insisté.

« Non, je ne vois pas. Expliquez-moi. »

Silence de mort. Ce n'était pas la première fois que j'entendais ce genre de propos dans la bouche d'un agent. Aveuglés par les préjugés et les stéréotypes sur les tics de langage des Noirs américains descendants d'Africains, ils me voyaient à peu près comme June Clever dans *Y a-t-il un pilote dans l'avion ?* quand il se met à parler en *jive,* le vieil argot noir américain. J'ai interrogé un autre collègue sur le sujet. Il m'a répondu : « Tu sais, *shucking and jiving,* dire *fuck* et *motherfucker* à tout bout de champ, quoi. » *Shucking and jiving* : cette soi-disant façon que les Noirs américains ont d'embobiner leurs interlocuteurs blancs.

Arthur et certains de ses hommes considéraient en substance que je serais incapable de communiquer avec le Klan par téléphone. Mon *shuck and jive* finirait par me trahir. Un *fuck* ou un *motherfucker* m'échapperait immanquablement, et conduirait n'importe quel membre du Klan à conclure qu'il avait affaire à un « Noir ». De tels propos étaient si incongrus dans le contexte de cette enquête que j'ai éclaté de rire.

Mais Arthur avait une autre raison pour refuser ma demande. Il ne croyait pas un instant à l'implantation du Klan à Colorado Springs. Il refusait de laisser un de ses agents se compromettre dans une quête absurde et vouée à l'échec. L'annonce ne pouvait être qu'une farce et Ken un excité qu'il ne fallait pas prendre au sérieux.

Je n'en démordais pas. Je devais absolument trouver le moyen d'assurer le rendez-vous avec le recruteur local du Klan. Avec l'appui total de mon supérieur, le sergent Trapp, j'ai pris la décision de m'adresser directement au chef de la police, le patron d'Arthur. En termes de carrière, court-circuiter Arthur, avec lequel mes relations étaient déjà tendues, ce n'était pas une initiative très sage. Ça mettrait de l'huile sur le feu. Tant pis.

Quand j'avais débuté aux stups, je considérais Arthur comme mon mentor. Mais dans un différend qui l'opposait au bureau du shérif, alors que les deux hommes n'arrivaient pas à se mettre d'accord sur une action commune, j'avais donné ma voix au plan du shérif que je jugeais plus judicieux. Une indépendance d'esprit qu'Arthur n'avait pas appréciée. Notre relation professionnelle en avait définitivement pâti.

Je disposais d'une semaine pour mettre les choses en branle avant la rencontre avec le recruteur du Klan. Je n'avais guère le temps de m'attarder sur le protocole ni de m'inquiéter des dégâts que risquaient de causer les ego blessés. Le lieutenant Arthur m'avait dans le collimateur et il continuerait quoi que je fasse. Je n'avais rien à perdre.

Par ailleurs, Arthur ne supportait pas le chef du département. Il lui en voulait de l'avoir coiffé au poteau pour le poste alors qu'il avait moins d'ancienneté que lui.

Avant sa promotion, le nouveau boss avait été en charge des relations publiques – un poste jugé sans envergure dans la hiérarchie policière. Qu'il s'y soit distingué ne changeait rien à l'opinion d'Arthur. Son rival n'ayant pas servi en « première ligne », à l'instar de ses « pairs », il lui reprochait d'avoir grillé la priorité lors du processus de sélection. Pour lui, cet homme n'avait pas les qualités requises pour diriger le CSPD. En un mot, Arthur vouait à son chef un profond mépris.

Les temps avaient changé et Arthur n'acceptait pas l'idée que la police de Colorado Springs commençait, comme un peu partout dans le pays, à accorder de plus en plus d'importance aux diplômes pour les nominations à des postes de haut rang. Les critères traditionnels tels que le mérite, le nombre de dossiers gérés et l'ancienneté étaient relégués au second plan par la réussite universitaire. On exigeait désormais d'un chef de la police qu'il soit au moins titulaire d'un diplôme de premier cycle. Or Arthur n'avait que deux ans de fac à opposer au cursus de quatre du nouveau lieutenant, ce qui faisait de celui-ci l'officier le plus diplômé du CSPD.

Accompagné du sergent Trapp, j'ai fait un topo rapide au chef du département. La réponse à la petite annonce dans le journal, la conversation téléphonique avec le recruteur du Klan et son projet avoué de brûler des croix pour signifier la présence de l'organisation aux habitants de la ville. Le Klan projetait de perpétrer un acte de terrorisme domestique afin d'exciter la fierté blanche et de faire monter les adhésions.

Le chef a montré un grand intérêt pour mon récit. Après quelques questions, il a voulu savoir si j'avais besoin d'effectifs supplémentaires. J'ai demandé deux inspecteurs pour m'accompagner en planque le 9 novembre. Le patron a décroché son téléphone et ordonné au lieutenant Arthur de me fournir tous les hommes dont j'avais besoin dans mon enquête.

Comme prévu, Arthur était furieux. Et, comme prévu, je me fichais bien de l'avoir vexé. Pour moi, ce rendez-vous était une chance unique de pénétrer le Klan.

Lors de ma première réunion avec Chuck, alors que je lui exposais la situation en détail, il a éclaté de rire.

« Un flic noir va infiltrer le Klan ? C'est dingue. Ils ne sauront pas que tu es noir ?

— C'est pour éviter ça qu'on ne va plus faire qu'un, toi et moi. Tu auras un micro et j'écouterai toutes vos conversations. Et toi, tu seras mis au courant des moindres échanges téléphoniques entre le type du Klan et moi. Tu seras le visage et moi, je serai la voix.

— Jamais rien entendu de si barjo, m'a dit Chuck avec un grand sourire. Je suis partant ! »

Malheureusement, entre l'énorme charge de travail à la brigade des stups et le jeu diplomatique d'un service à l'autre, Chuck n'était disponible que par intermittence et seulement en dernier recours. Le gros de l'enquête se ferait par téléphone. Une organisation qui imposerait que l'on soit synchro en permanence afin d'assurer la fluidité entre les conversations.

Chuck devait connaître le contenu de mes appels dans les moindres détails pour reprendre, le cas échéant, exactement où j'en étais resté avec Ken. Et vice versa. Quant à Ken, il devait croire que Chuck et moi ne faisions qu'une seule et même personne.

La rencontre du 9 novembre était cruciale. Car Ken s'était déjà forgé une idée positive du Ron Stallworth avec lequel il s'était entretenu la première fois. Chuck devait faire aussi bonne impression que moi au téléphone.

Le 7 novembre, deux jours avant la date prévue pour la rencontre, j'ai confirmé à Ken notre rendez-vous à Security. Le hippie blanc et moi nous retrouverions sur le parking du *diner* Kwik Inn.

Ken s'est montré suffisamment détendu pour me révéler que la petite annonce avait fait du bruit. L'armée l'avait mis à pied jusqu'à la fin de son service qui s'achevait trente-sept jours plus tard. Je n'y croyais pas. Comment l'armée aurait identifié celui qui se cachait derrière cette annonce anonyme ? J'ai pris note et je me suis dit que si Ken avait été écarté à cause de son appartenance au Klan, c'est que ses supérieurs avaient appris autre chose.

Manifestement, le Klan s'était lancé dans une opération publicitaire d'envergure. Le *Gazette-Telegraph*, l'un des deux plus gros quotidiens de Colorado Springs, venait de publier une brève révélant que David Duke, le Grand Sorcier du Ku Klux Klan – son chef suprême – était attendu en ville.

J'ai glissé à Ken :

« Cette semaine, j'ai vu passer un article sur la venue de David Duke à Colorado Springs. Il va vraiment se pointer ?

— Oui, Duke en personne a appelé le canard pour leur annoncer qu'il serait en ville en janvier. On va organiser un grand rassemblement. On a déjà six membres en robe et on en cherche d'autres. Pour vraiment marquer le coup. On doit encore confirmer le calendrier avec lui, mais vous serez le premier informé, Ron. »

On a bavardé un peu, échangé quelques plaisanteries, avant que Ken mette un terme à la conversation. « Bon, il faut que je file. On se voit après-demain. »

Le soir du 9, Chuck, Jimmy – un autre enquêteur des Stups – et moi-même nous sommes retrouvés pour nous préparer et récapituler le plan d'action : Chuck irait au Kwik Inn, tandis que Jimmy et moi écouterions et enregistrerions la conversation depuis un véhicule garé en face.

Pour plus de sécurité, j'ai confié à ma doublure des documents lui permettant de confirmer qu'il était bien moi. Une carte de bibliothèque, d'autres de crédit ou de sécurité sociale, tout ce qui portait mon nom, mais pas de photo ni d'éléments permettant de m'identifier comme noir.

Chuck était discrètement équipé d'un revolver. La procédure habituelle dans une infiltration. Si Ken et ses sbires le fouillaient, il pourrait toujours dire qu'il ne sortait jamais sans une arme. Au *diner*, Chuck s'est garé sous l'enseigne néon, Jimmy et moi de l'autre côté de la rue. Et nous avons fait ce par quoi tous les enquêteurs commencent dans ce genre d'opération : nous avons attendu.

4.

Mon nouvel ami David

L'attente a été brève. Dix minutes après notre arrivée au Kwik Inn, l'étrange hippie avec une moustache à la Fu Manchu est descendu d'une camionnette. Il s'est avancé vers la voiture de Chuck et a frappé contre la vitre.

« Ron ?

— Oui.

— Je m'appelle Butch. C'est moi qui dois vous conduire à Ken. Allez, on va y aller avec ma voiture. »

En infiltration, il est impératif que l'AI, l'agent infiltré, fasse tout ce qui est en son pouvoir pour préserver le contrôle des événements. Non seulement pour le succès de l'opération, mais aussi pour aider les policiers de surveillance à fournir des renforts si les choses venaient à se gâter et mettaient en danger la vie de l'agent. Sachant qu'il disposait d'une radio dans sa voiture banalisée, Chuck s'employait à garder la main.

« Je vais plutôt vous suivre avec ma voiture, non ?

— Non. Ça va se passer comme j'ai dit. Vous laissez votre voiture ici et je vous conduis à Ken.

— Et vous m'emmenez où ?

— Vous verrez bien. »

Chuck a fini par céder.

Avant de fermer la portière, il a jeté un regard dans notre direction. Son micro transmettant sans recevoir, nous l'entendions mais ne pouvions rien lui dire. Nous avions beau avoir testé le matériel dans nos bureaux, nous ne pouvions pas être absolument certains que le système fonctionnerait. Il n'était pas rare que les équipements de ce genre nous lâchent sans prévenir, parfois au beau milieu d'une opération. Au cours des infiltrations, l'agent avance souvent dans un brouillard angoissant, ignorant si les agents en planque l'entendent clairement ou s'ils pourront le localiser lors d'un déplacement dont il ignore la destination.

Cette fois, nous n'avions aucune raison de nous inquiéter. Butch a conduit notre agent à moins de trois kilomètres, dans un établissement très fréquenté, surtout par le personnel militaire : le Corner Pocket Lounge. Un vrai bouge avec une enseigne néon déglinguée, de vieilles tables de billard usées et de la mauvaise bière. J'apprendrais plus tard que le bar était le bureau de recrutement

« officieux » de Ken et de ses acolytes du Klan. Une fois garés, Jimmy et moi avons communiqué notre position aux agents qui maraudaient dans le secteur. Par chance, ce jour-là, le micro fonctionnait.

Dans le bar, Chuck a découvert son interlocuteur. Un brun trapu d'un mètre soixante-quinze et d'environ cent kilos. Vingt-huit ans, une coupe militaire, et une fine moustache. Ken était accompagné par un type plus jeune, que Butch a présenté comme son frère cadet, Baron. Ken croyait bien avoir affaire à moi. « Vous m'avez impressionné au téléphone. Je sens que vous avez de bonnes idées qui pourraient nous aider. » Il a montré à Chuck les documents nécessaires pour rejoindre « la Cause ».

Ken s'est vite livré à des confidences. Des « négros » lui auraient tiré dessus et d'autres auraient violé sa femme, faisant du Klan sa « planche de salut ». Il avait vraiment commencé à détester les « négros » quand il avait rejoint l'armée. « Vous avez vu qu'on parle du Klan dans les journaux ? » a-t-il enchaîné. Oui, a confirmé Chuck, tout en avouant que certains articles avaient pu lui échapper. Ken et ses copains appelaient les journalistes pour annoncer l'implantation du Klan en ville. Une approche d'amateur, mais qui leur avait valu d'obtenir de modestes résultats. Ils espéraient que cette petite visibilité, légitimant leur cause, leur attirerait la sympathie du public et de nouveaux membres. Le Klan de Ken voulait créer la sensation. Et la presse en parlerait quoi qu'il advienne.

Cependant, Ken en voulait aux médias. Selon lui, ils avaient toujours eu tendance à véhiculer une mauvaise image de « la Cause ». Lui-même en avait pâti, c'est du moins ce qu'il sous-entendait sans vouloir en dire plus. Au téléphone, il avait mentionné que sa hiérarchie lui menait la vie dure, au point qu'il risquait d'avoir des difficultés à réintégrer les rangs de l'armée. Fallait-il voir un rapport entre ses deux motifs de mécontentement ? Ce qui est sûr, c'est que Ken était un type en colère. Je l'avais senti au téléphone. Mais à l'écouter discuter avec Chuck, c'était encore plus évident. Sa voix était pleine d'une rage vindicative et triste.

« Il faut que le monde sache ce que font ces négros. Voyez ce qui est arrivé à la femme de Butch. » Il affirmait qu'elle avait été poignardée par des « négros ». Ses amis et lui suspectaient la Noire qui vivait dans la rue de Butch. D'ailleurs, quelqu'un avait fait brûler une croix sur la pelouse de la meurtrière pour lui envoyer un message. Mais le type s'y était mal pris. Plus tard, je vérifierai les dires de Ken. Rien ne figurait, dans aucun rapport de police ni chez le shérif, qui pouvait corroborer ses propos. Si l'incident avait véritablement eu lieu, la victime ne l'avait pas signalé… ce qui paraissait hautement improbable.

La voix de Ken a changé, se faisant plus rêveuse. « J'aimerais connaître le gars qui a brûlé la croix. Pour le féliciter. Et pour lui apprendre la bonne technique. »

Butch s'est révélé être le garde du corps de Ken, qui assurait pourtant dans la même phrase que le Klan, collectivement, était une organisation non violente. « Nous refusons d'employer toute forme de violence, sauf en cas de représailles, insistait-il, sauf si un membre du groupe est pris pour cible. »

Pour la première fois depuis leur arrivée au Corner Pocket Lounge, Butch s'est adressé à Chuck : « En public, on doit appeler le Klan "l'Organisation" ou "la Cause" ». Lui aussi éprouvait une envie terrible de laisser exploser sa haine contre « les négros », et s'il se refusait cette satisfaction, c'était seulement par fidélité aux principes non violents de « l'Organisation ». « C'est difficile de se retenir, des fois, tu sais ? Mais la Cause est plus importante, nos projets vont changer le monde.

— Bon, ben, j'ai vraiment bien envie d'adhérer à l'Organisation », a répondu Chuck.

Ken lui a demandé d'attraper le formulaire d'adhésion qui figurait parmi les documents. Il lui a expliqué point par point comment le remplir, sans oublier de lui rappeler le montant de l'adhésion : dix dollars pour le reste de l'année, trente pour une année complète, à quoi viendraient finalement s'ajouter quinze dollars pour la section locale. Ken a précisé dans quelle banque le Klan avait un compte. Et qu'ils auraient aussi besoin d'une photo.

« Butch et moi avons hâte de te compter parmi nous. Si tu renvoies ton dossier rapidement, Baron et toi irez à Denver prêter allégeance ensemble dans peu de temps. » Une fois le processus d'adhésion bouclé, il fallait compter dix à quinze jours pour recevoir sa carte, postée depuis le bureau national en Louisiane.

« Alors, quels sont les projets du Klan pour Colorado Springs ? », a demandé Chuck.

« Des croix de feu. Quatre pour être précis.

— Où ?

— On n'a pas encore décidé exactement, mais sur les hauteurs de la ville. Pour frapper les esprits. »

Chaque croix ferait un peu plus de cinq mètres de haut et trois de large. Quelques jours avant la cérémonie, les membres du Klan se rendraient sur les lieux sélectionnés afin d'y creuser les trous. Provisoirement, ils les dissimuleraient sous des rochers. Le jour J, ils dresseraient les croix puis utiliseraient un dispositif à retardement : une cigarette incandescente posée sur une boîte d'allumettes qui embraserait le bois imprégné de liquide inflammable. Ils auraient trois minutes pour disparaître.

« J'ai vu ce truc d'amorçage dans un James Bond », a fièrement précisé Ken.

« Malin », a commenté Chuck.

J'ai souri. Nous avions sur le dos un duo de 007.

« Si ton adhésion est approuvée assez tôt, tu pourras te joindre à nous », a glissé Butch. Mais Ken insistait sur la sacro-sainte règle de l'Organisation. Quoi qu'il arrive, ne jamais admettre avoir érigé une croix de feu ou avoir pris part à des violences.

Ken a enchaîné sur le « Noël pour les Blancs pauvres » avec distribution de paniers garnis.

« Les négros profitent de Noël pour piller les Blancs, pendant que les Juifs se gavent sur notre dos. Jamais personne ne se soucie du bien des Blancs. Alors les membres ont décidé de faire un truc pour eux. »

C'est le moment qu'a choisi Chuck pour demander comment, le cas échéant, il pourrait rencontrer un autre membre. Ken a tranché. « Je dois d'abord m'assurer qu'il n'y a pas de Juif dans tes ancêtres. Si tout est OK sur ce plan-là, on t'organisera un rendez-vous comme aujourd'hui. »

Je me suis tourné vers Jimmy et, de nouveau, j'ai souri. Chuck avait deux longueurs d'avance : il projetait déjà d'infiltrer quelqu'un d'autre.

« Comme tu le sais, en janvier, David Duke vient pour un rassemblement », a rappelé Ken.

En l'honneur de cette visite, la section de notre ville prévoyait un défilé dans l'une des principales artères. Défilé qui serait coordonné par le chef du Klan pour le Colorado, un pompier de Lakewood du nom de Fred Wilkens. L'Organisation espérait cent membres en robe et cagoule dans les rues. Cent adhérents prêts à montrer leur soutien au Grand Sorcier et à asseoir la présence du Klan dans l'État du Colorado.

S'ils parvenaient à atteindre les cent membres pour la seule section de Colorado Springs avant Noël, d'autres accepteraient peut-être de se joindre au cortège, venus de Louisiane, du Kentucky, de Denver et de diverses villes du sud de l'État, dont Pueblo et Canon City – la ville de la prison de haute sécurité.

« Ce serait vraiment grandiose », a-t-il conclu.

Chuck a promis de renvoyer les documents remplis au plus vite. Devant la voiture de Butch, les deux hommes se sont serré la main avant de se séparer. Sur le chemin du retour, Chuck a demandé à Butch combien de membres du Klan comptait le Colorado.

Butch l'ignorait. Selon lui, seul Fred Wilkens le savait. Néanmoins, sur la carte de membre que Chuck recevrait, il verrait deux lettres – CO – pour Colorado, assorties d'une série de chiffres. Les deux premiers représentaient l'année d'adhésion et les suivants le nombre de membres dans l'État.

Quant à la section de Colorado Springs, comme toutes les autres, elle était scindée en deux « bureaux », composés approximativement de cinq membres. Des gens qui, toujours selon Butch, se faisaient « complètement confiance » et se retrouvaient « entre potes après les réunions ».

Quand Butch a déposé notre collègue sur le parking du Kwik Inn, deux de nos voitures banalisées ont pris Butch en filature jusqu'au Corner Pocket Lounge, où il a récupéré Baron et Ken. Nous avons suivi jusqu'à une maison voisine, dont on identifierait plus tard les occupants comme étant un couple de militaires de Fort Carson, originaires de Watsonville, en Californie. Chuck, Jimmy et moi nous sommes retrouvés au poste pour un débriefing.

Cette enquête était la mienne et la mienne seule. Je n'avais aucun compte à rendre au lieutenant Arthur. Et je sentais bien que ça l'irritait. À sa décharge, cependant, son animosité envers moi était strictement professionnelle et n'avait rien à voir avec ma couleur de peau. D'ailleurs, c'est lui qui m'avait mis le pied à l'étrier, mais il ne se faisait pas à mon audace.

Dans la chemise confiée à Chuck, Ken avait glissé le fameux bulletin d'adhésion et deux ou trois numéros du journal du Klan, *The Crusader* – « Le Croisé ».

J'ai rempli le formulaire avec diligence, incluant mes nom, prénom et date de naissance. Chuck est venu prendre la pose dans mon bureau pour la fameuse photo, je lui ai demandé de dire « cheese » pour le Klan. Ça nous a fait rire.

Le lendemain, le sergent Trapp a débloqué les dix dollars nécessaires au paiement de l'adhésion et j'ai envoyé mon dossier à Metairie, en Louisiane, quartier général des chevaliers de David Duke.

David Duke : l'homme au nom synonyme de haine. L'homme dont médias et politiques faisaient leurs choux gras et qui bientôt me considèrerait comme un « ami ».

À son titre de Grand Sorcier du Ku Klux Klan, David Duke pouvait alors ajouter celui de grand sorcier des relations publiques. Car il vendait brillamment son « produit » à la ronde, son « nouveau » Klan. Il était partout : dans les talk-shows télévisés du matin comme du soir, dans des magazines de l'envergure de *Time* et de *Newsweek* qui consacraient des articles à la soi-disant transformation du Klan, mais aussi dans des magazines de porno soft tels que *Playboy* et *Oui*.

Titulaire d'un diplôme universitaire de deuxième cycle, Duke avait la tête du gendre américain idéal, à qui toute maman voudrait confier sa fille pour le bal de promo. Toujours tiré à quatre épingles, bien élevé – du moins en apparence –, il s'exprimait avec aisance. Mais tel Dr Jekyll et Mr Hyde, il cachait une autre personnalité et un racisme partagé par bon nombre d'Américains blancs de l'époque. En public, il parlait seulement d'héritage et d'histoire, se gardant de laisser libre cours à ses pulsions haineuses. Politiquement à droite, il parsemait çà et là ses propos d'allusions racistes, qui mêlaient antipathie pour les Noirs et les minorités, insatisfaction vis-à-vis du gouvernement et peur d'un monde toujours plus complexe et mouvant.

En 1979, le magazine *Oui* le citait : « Je ne prêche pas la suprématie de la race blanche. » Ce qui ne l'empêchait pas, par ailleurs, de se dire convaincu de la supériorité de cette dernière. « Ce que je prêche, c'est le séparatisme, assurait-il. Idéalement, j'aimerais voir tous les Noirs rentrer chez eux, en Afrique, mais je serais même prêt à leur céder un bout de ce pays – peut-être un ou deux États – si c'était pour y bâtir une société séparée. »

Duke avait optimisé sa propagande en la professionnalisant. Lors de ses apparitions, il évitait de porter la robe du Klan, lui préférant un costume. Il s'abstenait de prononcer des propos désobligeants sur les Noirs, en particulier le mot « négro », et encourageait ses partisans à faire de même lorsqu'ils représentaient le Klan ou plaidaient sa cause devant un auditoire. En gros, il s'était lancé dans une entreprise de dédiabolisation, avec la volonté de faire du Klan une alternative acceptable pour ceux qui voyaient leur existence au point mort et cherchaient le moyen d'exprimer leur rancœur vis-à-vis du gouvernement.

En 1979, alors qu'on le savait proche du mouvement néonazi, alors qu'il avait paradé en uniforme d'inspiration IIIe Reich à la Louisiana State University où il avait étudié, Duke briguait un siège au Sénat de l'État de Louisiane en tant que démocrate conservateur. Il obtint 26 % des suffrages. En 1988, il s'attaqua sans succès aux primaires du parti démocrate avant de se rabattre sur le parti populiste. Sous cette étiquette, il put se présenter dans onze États, tandis que, dans quelques autres, les électeurs avaient la possibilité de voter pour lui en ajoutant son nom sur leur bulletin – ce qu'on appelle aux États-Unis les « candidats *write-in* ».

Peu de temps après, il quitta officiellement le parti démocrate pour rejoindre les républicains et, en 1989, il décrocha un siège à la Chambre des représentants de Louisiane. L'année suivante, en revanche, il n'obtint pas la nomination du parti pour les sénatoriales et ne devint pas davantage gouverneur de Louisiane en 1991. Il tenta de nouveau sa chance à la présidentielle en 1992 lors des primaires du parti républicain sans atteindre 1 % des votes. Il échoua enfin lorsqu'il prétendit entrer au Sénat en 1996, et à la Chambre des représentants en 1999.

Malgré ces échecs répétés, une bonne partie des idées de Duke, sinon toutes, profitaient de la publicité qui découlait de ses campagnes. Quand Duke était dans la course, les débats étaient souvent cacophoniques, opposant les vociférations populistes de ses supporters et les arguments des progressistes contraints d'y répondre. Des progressistes qui voyaient simplement en Duke une version néonazie d'un Hitler en robe blanche.

Qu'il finisse par gagner une élection côté républicain, après avoir échoué à deux reprises en tant que démocrate, en dit long sur les électeurs des deux camps. Le programme républicain, conservateur et de droite, était à l'époque – et il l'est d'ailleurs toujours – beaucoup plus compatible avec les groupuscules extrémistes racistes.

Le lendemain de la rencontre au Corner Pocket Lounge, j'eus ma première conversation avec le Grand Sorcier en personne.

Alors que je lisais l'un des journaux du Klan remis à Chuck, mon regard avait été attiré par une publicité pour « La voix du Klan ». Voix qu'on pouvait joindre en appelant un numéro à Palm Harbor, en Floride. J'ai décroché mon téléphone. La « voix du Klan » se révéla être une série de messages de propagande préenregistrés en provenance de diverses sections du pays. Des messages typiques de la rhétorique suprémaciste :

« Peuple blanc, réveille-toi ! Les Noirs veulent ta femme et ton boulot. Les Juifs veulent ton argent. Le ZOG veut te retirer ta citoyenneté et les droits qui te sont garantis par la Constitution américaine pour faire de toi l'esclave de tous les peuples de la boue et de leurs maîtres juifs. Ton unique chance de salut est de rejoindre les chevaliers du Ku Klux Klan, le seul groupe de patriotes qui s'engage à préserver ton héritage et la place qui t'appartient de droit dans une société blanche en Amérique. »

Pour les suprémacistes blancs, le ZOG, Zionist Occupation Government (ou « gouvernement d'occupation sioniste ») ne fait qu'un avec le gouvernement des États-Unis, lequel se trouve soi-disant sous le contrôle des Juifs, eux-mêmes influencés par les politiques israéliennes. Le terme « peuple de la boue » (*Mud People*) renvoie quant à lui à tous les non-Blancs à la peau sombre, que ces mêmes suprémacistes jugent sous la coupe des Juifs.

Alors que la bande préenregistrée continuait à se dérouler, déversant sa haine, une voix l'a interrompue brusquement :

« Allô ?

— Allô ? Qui est à l'appareil ?

— David Duke, la vraie voix du Klan ! »

Duke a gloussé. Je n'en revenais pas. Je me suis présenté :

« Ron Stallworth à l'appareil. Je suis un des membres de la nouvelle section de Colorado Springs.

— Enchanté. »

Nous avons échangé quelques plaisanteries et j'en ai profité pour lui glisser combien j'admirais son leadership et son courage. Un coup de brosse à reluire qui, de toute évidence, a fait son petit effet.

« Monsieur Duke, ai-je dit, est-il vrai que vous comptez venir en janvier ?

— Oui. Nous n'avons pas encore la date exacte mais ça ne saurait tarder. J'espère vous compter parmi nous. »

Comme je le félicitais pour la présence massive du Klan dans les médias depuis qu'il en avait pris la tête, il entreprit d'énumérer fièrement ses hauts faits. Lorsqu'on a affaire à des types comme Duke ou comme Ken, qui ne brillent clairement pas par leur intelligence, la flatterie est la clé. La meilleure approche est de se montrer servile, d'offrir une loyauté sans bornes. Mis en confiance, Duke a mentionné un meeting du KKK à Palm Harbor pour lequel il devait se préparer et mettre fin à notre échange, mais il espérait me rencontrer lors de sa venue à Colorado Springs.

J'ai raccroché en souriant. Tout se passait mieux que je n'aurais jamais pu l'imaginer.

J'avais parlé à David Duke. Le sergent Trapp et Chuck n'en revenaient pas plus que moi. « Un bel enfoiré de cinglé », a commenté Chuck.

Ils peinaient à croire que ces crétins se soient laissé prendre à mon piège et Chuck se baladait dans les locaux en claironnant : « Ce petit salaud vient de parler à David Duke, on rêve ! Il est taré. »

L'enquête progressait à pas de géants. À présent, tout ce qui avait trait au Klan – article de presse, coup de fil d'un blagueur – m'était transmis. Je n'étais plus le seul à savoir que le Klan essayait de s'implanter sérieusement à Colorado Springs. Le public ne pouvait manquer petites annonces et articles. L'anxiété montait. Le jour de ma conversation avec David Duke, j'ai reçu un mémo stipulant que les Noirs et les Latinos avaient prévu d'incendier des voitures appartenant aux membres du Klan – une information jugée crédible.

La semaine suivante, la nouvelle de la venue de David Duke à Colorado Springs pour une vaste opération de recrutement s'est propagée en ville.

Des agents en uniforme ont été appelés au centre commercial de Southgate, à la limite sud de Colorado Springs. Huit manifestants y défilaient pacifiquement, distribuant des tracts, brandissant des pancartes aux slogans anti-KKK. L'un des protestataires était professeur au Colorado College, un prestigieux établissement d'enseignement supérieur privé.

Le tract, en anglais et en espagnol, était publié par l'INCAR, l'International Committee Against Racism – le Comité international de lutte contre le racisme – qui avait une boîte postale à Denver. Le comité organisait une réunion le soir même. Et c'est ainsi que j'ai mis sur pied le second pan de mon opération d'infiltration du Klan : la partie dédiée au Progressive Labor Party (PLP), le parti américain d'extrême gauche, et à sa « façade » : le CAR (Committee Against Racism) qui se faisait parfois appeler INCAR.

Les Noirs y étaient bienvenus et, cette fois, rien ne s'opposait à ce que j'y aille en personne. Ce que je ferais sous couverture, en utilisant l'une de mes fausses identités. Il y avait déjà un Ron Stallworth au Klan, inutile qu'un deuxième rejoigne l'extrême gauche.

Les manifestants du centre commercial n'étaient pour la plupart que des citoyens lambdas qui tenaient à faire savoir qu'ils ne tolèreraient pas la présence en ville de groupuscules d'extrême droite tels que le Klan. Le CAR, en revanche, représentait une menace, non seulement pour le Klan mais aussi pour les forces de l'ordre. Le comité et son organisation mère, le PLP, étaient radicaux, organisés et déterminés à « écraser » le Klan. De bons petits soldats, susceptibles de mobiliser du monde et capables de violences.

Nous étions dans les années 1970, il ne faut pas l'oublier, période d'intenses troubles politiques et sociaux partout dans le pays : les attentats n'étaient pas rares, surtout dans les villes touchées par la vague contestataire, comme New York, Chicago ou San Francisco. Au cours de cette décennie, près d'une douzaine de groupes extrémistes clandestins, dont on se souvient à peine aujourd'hui – le Weather Underground, le New World Liberation Front ou la Symbionese Liberation Army par exemple – posèrent des centaines de bombes. Avec une telle régularité que beaucoup d'Américains finirent par intégrer le risque d'attentat à leur vie quotidienne.

À la réunion, Marianne Gilbert, une représentante de l'INCAR et professeur à la Denver University, était accompagnée de Dough Vaughn, un membre du PLP, lui aussi venu de Denver. Leur objectif était d'ouvrir une section de l'INCAR à Colorado Springs afin d'organiser des manifestations contre le KKK et la venue de David Duke.

Le tollé suscité par la présence du Klan en ville rassemblait déjà une tripotée d'associations : LAMECHA (Colorado College), BSU (Black Student Union – Colorado College), LaRaza (Colorado Springs), CWUC (Colorado Workers United Council – Denver), PBP (People for the Betterment of People – Colorado Springs) et l'ARC (Anti-Racist Coalition – Colorado Springs).

Même si la plupart des factions d'extrême gauche anti-Klan étaient brouillonnes et essentiellement non violentes, je sentais que les esprits s'échauffaient, que la peur et la colère gagnaient du terrain en ville. Cette opposition, bien moins redoutable que le KKK, était tout de même en mesure d'attiser la violence et de nuire à l'ordre public.

Mon enquête prenait une ampleur inédite grâce à cette double infiltration. Et j'étais loin de me douter que le Ron Stallworth qui avait adhéré au KKK allait y prendre du galon bien plus rapidement que prévu.

5.

Pompier pyromane

À l'époque, Colorado Springs comptait environ 250 000 habitants et ses services de police, quelque trois cents agents. En plus des deux bases militaires voisines, elle abritait l'Airforce Academy et la Peterson Airforce Base et se trouvait confrontée aux mêmes problèmes que les autres villes de garnison : forte affluence de jeunes venus de l'extérieur, prostitution, drogues, bagarres… Le genre de désordres que drainent les soldats en permission. En revanche, les tensions et les protestations politiques n'avaient jamais représenté une menace, pas plus que les groupuscules racistes. Seule exception au tableau, mais non des moindres : Fred Wilkens. Ce pompier de Lakewood, dans la banlieue sud de Denver, était aussi le Grand Dragon du Ku Klux Klan dans l'État du Colorado, son chef local. Ses convictions et ses frasques, largement relayées par la presse, faisaient grincer les dents des autorités. Il flirtait sans arrêt avec l'illégalité, sans jamais y basculer. En février 1978, dans un article du *Denver Magazine* intitulé : « L'empire invisible démasqué : le grand projet du KKK », Wilkens affirmait : « Le Klan est l'espoir de la race blanche dans le Colorado et pour toute la nation ; nous voulons offrir aux Américains blancs l'opportunité de nous rejoindre... Nous allons partir à leur rencontre et leur présenter le nouveau Ku Klux Klan. »

Fred adorait les projecteurs. Il accordait sans arrêt des interviews, attirait l'attention sur lui, pour le plus grand bonheur des médias locaux qui ne rechignaient jamais à brosser le portrait du pompier chef du Klan. Mais sa posture de sauveur suscitait un tollé, il était publiquement condamné, vilipendé pour ses prises de position racistes et les responsables politiques recevaient un grand nombre de plaintes. Malgré tout, personne ne trouvait matière à le poursuivre devant les tribunaux pour le punir. Tant qu'elle n'interférait pas avec ses obligations professionnelles, son appartenance affichée au Klan était protégée par le premier amendement qui garantit la liberté d'expression : la ville était impuissante.

De surcroît, Wilkens était un pompier exemplaire. Un rapport d'intervention avait établi qu'il avait sauvé la vie d'un Noir en lui faisant du bouche-à-bouche. Wilkens était inattaquable et il le savait. « En tant que pompier, on m'attend au tournant, avait-il dit lors d'une interview au *Denver Magazine*. Pas mal de gens voudraient me voir perdre mon poste. Mais la Constitution me garantit le droit de juger moi-même de ce qui me semble bon, et je vais parallèlement tout faire pour rester un bon pompier. Mon boulot est de protéger la vie et la propriété de tous les citoyens sans distinction, qu'ils soient Blancs ou issus des minorités. C'est exactement ce que je vais faire. Quand les gens me demandent si je suis raciste, je leur dis que tout dépend de ce qu'on entend par là. Si être raciste veut dire qu'on déteste une race, je n'en suis clairement pas un. Si cela signifie en revanche qu'on aime sa race, alors oui, je suis raciste. »

Comme Duke, Wilkens s'employait à dédiaboliser le Klan. « Le Klan ne cherche pas à s'opposer à une race ou à la supprimer, assurait-il. Mais nous avons la conviction que chaque race ne pourra développer tout son potentiel que séparée des autres, d'où notre opposition complète et absolue à l'intégration et aux mariages mixtes… séparation totale des races au bénéfice de tous. »

Concernant les Noirs, Wilkens ajoutait : « Nous les croyons incompatibles avec la société blanche et incapables de s'y adapter. Tant qu'ils participeront à la culture blanche, nous assisterons de manière continue à une hausse de la criminalité et des impôts pour financer l'aide sociale, à une baisse du niveau d'éducation, à une dépréciation du travail et, de manière générale, au déclin de la civilisation blanche. Tout en souhaitant une cohabitation cordiale avec la société noire, nous choisissons de vivre totalement séparés. Nos idées sont les mêmes pour ce qui concerne les Mexicains et les autres minorités. »

Dans le cadre de mon enquête, j'ai décidé de lui passer un coup de fil. Je voulais en apprendre le maximum sur lui. Un petit responsable local comme Ken, qui évoluait tout en bas de la chaîne alimentaire, n'était pas en mesure de répondre précisément à mes interrogations. Je préférais m'adresser au sommet de la hiérarchie. De plus, Lakewood se trouvant à la périphérie immédiate de Denver, je pourrais en profiter pour jeter les bases d'une coopération avec la police de la capitale, qui nous permettrait peut-être à terme d'infiltrer un de leurs agents au QG du KKK dans le Colorado.

Quand Wilkens a décroché, je me suis présenté comme un nouveau membre du Klan.

« Je m'appelle Ron Stallworth, j'ai rejoint la section de Colorado Springs, je suis ravi de pouvoir vous parler, Monsieur Wilkens. »

Wilkens s'est aussitôt montré très chaleureux. Comme David Duke, il était sensible aux ronds de jambe.

« Je voudrais en apprendre autant que je peux sur la Cause », ai-je dit.

Je lui ai demandé de m'envoyer tous les documents susceptibles d'améliorer ma connaissance de l'histoire et des actions du Klan, et il m'a promis en retour de me faire parvenir plusieurs numéros du *Crusader*. Je me suis renseigné aussi sur l'avancement de mon adhésion. Pour l'heure, elle n'avait pas été approuvée, mais Wilkens m'a invité à le rappeler si je n'avais pas reçu ma carte dans les quarante-huit heures. De son côté, il allait prendre ses renseignements directement au bureau national pour accélérer la procédure.

De nouveau, j'ai mentionné la visite de David Duke à Colorado Springs. Wilkens a confirmé la date et son espoir de réunir une centaine de membres pour le défilé. Quand il a sollicité mon avis sur une interview récente de Ken O'Dell dans le *Gazette-Telegraph*, j'ai suggéré que Ken avait très bien exprimé les objectifs de l'organisation et que l'accueil du public serait bon. Lui-même devrait accorder davantage d'entretiens aux médias locaux, ai-je ajouté. Rendez-vous fut aussitôt pris à Lakewood pour discuter du développement du Klan dans la région.

« Ce qui est au cœur des projets du Klan, c'est l'activité politique », a-t-il conclu. Le Klan avait l'ambition de faire élire des membres à tous les niveaux de gouvernement dans le Colorado. Et dans le cas où l'Organisation ne trouverait pas suffisamment de candidats d'envergure, elle se proposait de promouvoir ceux qui partageaient ses valeurs. « Même s'ils ne sont pas au Klan, a-t-il précisé. Si un candidat désire notre soutien, nous le lui offrirons et lui apporterons une aide financière. L'important est de faire pénétrer nos idées dans les instances de décision. Les négros, eux, savent s'organiser », et mon interlocuteur prétendait rivaliser avec eux sur ce terrain.

Huit jours plus tard, pensant me parler, Ken a appelé Chuck sur la ligne intraçable des stups afin de s'assurer que j'avais bien reçu ma carte de membre. Toujours pas. Ce qui m'empêchait de participer pleinement à toutes les activités du Klan, a poursuivi mon alter ego. Ken s'était personnellement entretenu avec « Monsieur Duke » la veille. La présence de ce dernier à Colorado Springs était officiellement annoncée pour le 1er janvier.

Depuis sa rencontre avec Chuck au Corner Pocket Lounge, Ken était rentré quelques jours chez lui à San Antonio, au Texas. De retour à

Colorado Springs, il s'apprêtait à donner suite à plusieurs demandes d'interviews, et la section locale avait déjà atteint les cent demandes d'adhésion. Pourtant, il semblait peu probable de voir tous ces nouveaux membres en robe au défilé. Ken n'était pas encore prêt à laisser tomber l'idée, néanmoins, pour l'instant, ça ne se présentait pas très bien. Il fallait compter environ un mois entre la demande d'adhésion et la livraison d'une robe. Il était temps, a-t-il dit à Chuck, que nous nous revoyions.

Une demi-heure plus tard, il a rappelé le même numéro. Chuck s'étant absenté, Ken ignorait qu'il s'adressait à un autre inspecteur des Stups, auquel il a dit que le QG national venait de m'envoyer ma carte de membre.

Le 28 novembre, on m'a informé que le compte ouvert par la section locale se trouvait à la banque de Fountain Valley, 85-87 State Highway, sur la commune de Security, près de Fort Carson. Il était au nom de Ken O'Dell et d'une certaine Jennifer L. Strong pour la White People, Org. Un premier dépôt de quarante-quatre dollars y avait été effectué. J'aurais plus tard la confirmation que Jennifer L. Strong avait des liens avec le Klan.

Le même jour, j'ai passé un coup de fil à Fred Wilkens à Lakewood, dans le Colorado. Il rentrait tout juste de la convention nationale du Klan à La Nouvelle-Orléans. David Duke lui a finalement confirmé sa venue pour le 6 janvier. Le 7 ou le 8 janvier, il y aurait probablement un défilé dans la ville en l'honneur du Grand Sorcier. Toutes les incertitudes sur la date tenaient à ces foutues robes qui obnubilaient Ken et Fred. S'ils voulaient obtenir une couverture médiatique conséquente, impossible de défiler sans ces tenues blanches, symboles de la fierté du Klan. Or, dans le Colorado, rares étaient les membres qui en possédaient une.

Cette tenue, si prompte à déclencher la désapprobation et la terreur chez tous les Américains raisonnables, est indissociable de l'histoire du Klan. Elle a été imaginée à Pulaski, dans le Tennessee, en 1869, par un général sudiste, Nathan Bedford Forrest : le premier Grand Sorcier. Déjà à l'époque, ses hommes, issus des troupes de l'ancienne confédération sudiste, portaient des draps blancs percés de trous pour la bouche, le nez et les yeux ou, dans certains cas, juste pour les yeux. Comme les archives en attestent, certains en couvraient même leurs chevaux.

Les anciens « maîtres » – et les Blancs en général – tenaient les esclaves récemment affranchis pour très superstitieux et terrorisés par les esprits de l'au-delà. En particulier, par les fantômes des soldats confédérés morts au combat. Grâce à ces draps blancs, les premiers membres du Klan espéraient que les anciens esclaves les prendraient pour les esprits de ces soldats, revenus avec une mission : s'assurer que les Noirs continueraient à obéir aux traditions sudistes. En semant la panique, les membres du Klan pensaient pouvoir inverser l'issue de la guerre et réduire à néant les efforts de Reconstruction du gouvernement fédéral, désireux de panser les plaies d'un Sud physiquement et moralement meurtri.

Dans le même but, le Klan érigeait les « croix de feu » sur les lieux mêmes où quelqu'un – Blanc ou Noir – les avait offensés. On ne peut qu'imaginer l'état des esclaves, pétris de superstitions, à l'« apparition fantomatique » des cavaliers et au spectacle « démoniaque » des croix vengeresses, destinées à combattre les « péchés » commis contre les honorables traditions du « Vieux Sud ».

Le Klan refusait d'admettre le caractère profanatoire des croix brûlées. Bien au contraire, ses membres voulaient y voir une célébration religieuse et une digne manifestation de leur foi.

D'emblée, le Ku Klux Klan et ses membres se dévouèrent tout entiers à la cause du terrorisme domestique.

Si aujourd'hui, les superstitions ont disparu, l'usage de ces symboles a toujours le même objectif :

susciter l'effroi dans le cœur et dans la tête des victimes.

Défiler au pas, en cagoule et robe blanche, devant des journalistes et des caméras venus en nombre, aurait l'effet escompté : les citoyens, surtout les Noirs et leurs jeunes enfants peu habitués à des actes aussi odieux, seraient terrorisés.

Selon Wilkens, toujours au téléphone avec moi, David Duke venait d'essuyer des menaces de mort de la part du PLP, et lui-même avait dû remplacer son chef pour l'ouverture de la marche à La Nouvelle-Orléans. Il a précisé que Duke avait refusé de répondre aux tentatives d'intimidation de l'extrême gauche et que le défilé s'était déroulé sans incident.

Certes, Wilkens s'était heurté aux réactions négatives des « négros », mais la police de La Nouvelle-Orléans avait parfaitement assuré la sécurité du Klan. Pour éviter la confrontation, ses membres avaient accepté d'avancer d'une heure le départ du défilé, si bien qu'il s'était achevé avant le début de la contre-manifestation. Deux membres du Klan avaient tout de même été arrêtés après avoir tiré en l'air plusieurs fois pour « foutre la trouille aux négros ».

« Vous savez ce que ce crétin de Ken O'Dell a dit à la presse ? », m'a-t-il demandé. Oui, j'avais lu quelque chose récemment : Ken avait promis la présence de cent membres en robe lors de la marche dans notre ville. Résultat : Wilkens était coincé. Désormais contraint de les trouver. Une promesse est une promesse. Le contraire écornerait l'image du Klan. Wilkens a insisté pour discuter stratégie avec moi et pour que je devienne son relais auprès des médias. Ainsi j'organiserais les interviews de David Duke lors de son passage en ville. Je lui ai répondu que j'en serais honoré.

Wilkens m'a aussi promis un exemplaire du règlement du Klan, car je devais « apprendre à me comporter en bon *klansman* ».

J'ai profité de sa crédulité pour lui demander s'il avait entendu parler de groupes extrémistes noirs qui auraient le projet de perturber le défilé. Il n'avait eu vent de rien, mais le Klan était prêt à faire face à toute contre-manifestation. Si un tel cas se présentait, il espérait que la protestation serait non violente. Mais si des violences venaient à éclater contre des membres du Klan, ils prendraient « les mesures appropriées ». Sans plus de précisions.

Tandis que je menais diverses vérifications sur les noms et les informations récoltés depuis le début de l'enquête, le mouvement d'opposition au Klan prenait de l'ampleur. Un article a paru le 29 novembre 1978 dans le désormais défunt

Colorado Spring Sun. Le Committee Against Racism (CAR) et les People for the Betterment of People y annonçaient avoir avancé au 16 décembre leur manifestation anti-Klan originellement prévue le 21. La décision avait été prise au terme d'une réunion de militants locaux pour les droits civiques. J'y avais assisté sous couverture. Au cours des débats, les étudiants du Colorado College s'étaient plaints que la date du 21 était trop proche des vacances de Noël. Avancer l'événement d'une semaine permettrait de mobiliser davantage de monde.

À l'origine, la réunion avait pour principal objectif de fédérer les divers mouvements d'opposition au Klan. Le simple bouche-à-oreille avait permis d'attirer soixante personnes. Sans publicité en amont et en si peu de temps de surcroît, c'était une mobilisation remarquable. Doug Vaughn, membre du PLP et de la section de Denver de l'INCAR, était présent. En fonction des circonstances, il avait l'habitude d'apparaître sous l'une ou l'autre casquette, de mettre en avant l'une ou l'autre de ses affiliations politiques. Alors que l'INCAR était destiné à monsieur et madame tout le monde, les membres du PLP étaient des communistes purs et durs. Ce soir-là, Doug avait proféré des propos inquiétants, il appelait à une confrontation violente avec le Klan. « Quand ce genre de vermine raciste sort de sous son rocher, a-t-il lancé, il faut leur écraser le rocher sur la tête et vite. »

Quant au syndicat des étudiants noirs de Colorado College, il était partisan d'ignorer purement et simplement le Klan. Pour leur porte-parole, le mépris démontrerait au Klan qu'il n'avait pas le soutien du public. « Et ceux qui suivront des événements depuis leur salon, a-t-il ajouté, se diront soit que les gens ont peur, soit qu'ils s'en fichent. Ce qui, dans un cas comme dans l'autre, n'est pas positif pour le Klan. »

Au terme de longs débats, le groupe a conclu que le Klan était malin, opportuniste et violent, et qu'il ne fallait pas prendre à la légère la possibilité qu'il passe à l'action n'importe quand. Tous se tenaient prêts à contrer les efforts d'implantation de l'organisation. Finalement, décision avait été prise de protester par petits groupes munis de pancartes et de tracts anti-Klan. L'idée était de faire savoir qu'il existait une opposition au Klan et d'informer le public sur les véritables objectifs des suprémacistes.

Ces réunions des anti-Klan étaient fréquentées essentiellement par des étudiants, des professeurs d'université, mais aussi des cadres et des femmes au foyer – des gens de toutes origines sociales qui n'étaient pas structurés et qui manquaient d'un vrai plan d'attaque. Quoi qu'ils fassent, ils ne parviendraient jamais à parler d'une seule voix. Trop d'approches différentes de la question.

Leur réunion révélait des réactions viscérales et l'absence de consensus sur les meilleurs moyens de répondre à la menace d'implantation du Klan. Manifestation pacifique, affrontement violent, sit-in silencieux, tout avait été envisagé, pour, finalement, se ranger à l'idée de simples tracts et de pancartes.

Le 1er décembre, ma relation avec Ken O'Dell a connu un brusque tournant quand il a appelé Chuck afin de le prévenir d'une réunion du Klan à son domicile. Butch et sa femme retournaient vivre en Californie, lui-même quittait l'armée pour rentrer à San Antonio, sa ville d'origine, courant janvier. Le Klan aurait donc besoin d'un nouveau responsable local. Ken a dit combien je l'avais impressionné lors de nos discussions. Il pensait que je (Chuck) « serais super dans ce rôle ».

Ken ne m'avait jamais laissé entendre qu'il envisageait, même de loin, un scénario de ce genre. Sinon j'aurais pris le temps d'échafauder une stratégie avec mon sergent et Chuck. Comment « Ron Stallworth » allait-il pouvoir prendre les rênes des chevaliers du Ku Klux Klan de Colorado Springs ? Obstacle principal : le concept juridique d'« incitation ». Je n'avais pas le droit de faire volontairement usage de stratagèmes avec l'idée de pousser une cible à commettre une infraction.

Éviter ce genre d'écueil est un des fondements de l'infiltration. Impossible, par exemple, de brûler des croix de feu et d'arrêter ensuite les membres du Klan pour conspiration dans le but de commettre un acte terroriste. La loi autorise les agents à utiliser différentes formes de tromperie afin d'obtenir des informations et d'appréhender un suspect, mais pas à persuader un innocent de commettre une infraction. Impossible de contraindre un suspect à se mettre dans l'illégalité, même avec la certitude d'avoir affaire à un criminel. En cas d'arrestation, de telles manœuvres deviendraient la pierre angulaire de la stratégie de la défense. En la matière, toute erreur peut couler une enquête et mener à un non-lieu.

La décision de prendre la tête de la section promettait autant de récompenses qu'elle comportait de risques. En excellent agent, Chuck en a eu tout de suite conscience. Il a suggéré à Ken que les autres membres, plus anciens, ne sauteraient pas de joie à l'idée de le voir devenir chef.

Lors de nos conversations avec les membres du Klan, Chuck et moi devions prendre garde de ne rien dire qui puisse les influencer dans leurs actions. Notre tâche était d'autant plus délicate qu'ils demandaient souvent notre opinion sur des projets qui conduisaient à des heurts, soit avec le public, soit avec la police. Il nous aurait été facile de les manipuler afin de les pousser vers l'illégalité, avec pour objectif caché des arrestations et des poursuites. Mais nous nous employions à faire l'inverse. En évitant les dérapages, nous collections davantage de renseignements sans risquer la sécurité du public. Enfin, la loi sur l'incitation nous protégeait aussi contre la tentation de franchir la ligne jaune et de commettre des actes illégaux.

Ken a insisté pour que Chuck réfléchisse à son offre. Chuck a décliné l'invitation de nouveau, prétextant vouloir rester dans l'ombre. En tant qu'agent municipal, il ne pouvait pas se permettre d'afficher ses opinions. Chuck avait dit au Klan qu'il travaillait au service de l'aménagement urbain. Sous couverture, nous nous affichions souvent comme des salariés de la mairie, car elle comptait des milliers d'employés et nous étions noyés dans la masse.

Le 5 décembre, Chuck a appris par un appel de Ken qu'une autre réunion était prévue chez lui trois jours plus tard, afin de continuer à discuter du remplacement des responsables de section. Cette fois, Chuck a accepté d'y assister. Le 8 décembre, toujours sous l'identité de Ron Stallworth, il fut accueilli par Anita, la femme de Ken. Du fait de son origine ethnique, Anita faisait figure d'anomalie dans le rapport de Ken au Klan. Certes, elle avait grandi à San Antonio, comme Ken, mais elle était originaire du Mexique. Même si les cibles principales de l'organisation sont les Noirs et les Juifs, les Américains d'origine mexicaine ne sont pas épargnés – moins encore quand les sections sont implantées dans les régions à forte population latino.

Chuck ne fit aucun commentaire. Sage décision.

Au fil de nos échanges, Ken s'était révélé peu crédible. Il en rajoutait sans cesse, se faisait mousser, lançait des chiffres sur les adhésions comme sortis tout droit de son chapeau, fanfaronnait avec des projets irréalisables. Aussi frustrant et peu fiable soit-il, il n'en demeurait pas moins un atout de taille et notre point d'entrée dans le monde du Klan.

En comptant Anita, ils étaient sept dans le salon de Ken ce soir-là. Tous soldats à Fort Carson. Parmi eux, un certain Joe Stewart, lequel jouait le « bras droit » de Ken dans la section. Tim était le trésorier et Bob, le garde du corps. Première rencontre avec la tête de la section au complet. Ken a donné l'ordre du jour :

1 – une éventuelle action en justice contre le *Gazette-Telegraph* ;

2 – l'entrée du KKK au Colorado State Penitentiary, la prison de l'État ;

3 – le recrutement de nouveaux membres ;
4 – la désignation d'un nouveau responsable local.

Le litige avec le *Gazette Telegraph* concernait une publicité pour le Klan que le journal aurait d'abord accepté de publier avant de se rétracter. Ken songeait à un procès et affirmait que Fred Wilkens et la section de Denver étaient derrière lui à 100 %.

À propos de la prison, l'action visait les Blancs incarcérés qui représentaient une cible de choix pour le Klan. Ils n'étaient pas mieux traités que les Noirs et les Latinos, il fallait leur faire savoir que des frères pensaient à eux dehors, et que, dedans, ils pouvaient compter les uns sur les autres. Pour l'instant, a-t-il précisé, un seul détenu était abonné au *Crusader*. Sans donner plus de détails. Pourquoi le type s'était-il abonné ? Était-il toujours sous les verrous ? Le journal lui parvenait-il ou était-il confisqué ? Mystère. Ken prévoyait une opération promotionnelle consistant à cibler tous les détenus blancs en leur envoyant des exemplaires du journal et des formulaires d'adhésion, afin de créer un « bureau » du Klan au sein de la prison de Canon City.

Maintenant, il en arrivait au point fort de son ordre du jour : « J'aimerais qu'on discute de la stratégie de recrutement. Pour atteindre les cent membres lors de la visite de Monsieur Duke en janvier, j'ai décidé d'instaurer une nouvelle règle : chacun d'entre vous devra recruter trois nouveaux membres. Qui eux-mêmes en recruteront trois autres, et ainsi de suite. Notre croissance sera exponentielle. » En planque dans ma camionnette, j'ai imaginé le sourire satisfait de Ken quand il a prononcé – en l'écorchant – le mot « exponentiel ».

Son idée m'offrait en tout cas une opportunité d'élargir mon enquête. En parrainant un autre membre du Klan, Chuck me permettrait de doubler mes effectifs infiltrés.

Enfin, Ken a abordé la désignation du nouveau responsable. Selon lui, l'heureux élu ne devait pas faire partie de l'armée, de sorte que ses mouvements ne soient pas gênés par les règlements militaires ni par les missions spéciales et autres démobilisations qui compliquaient la gestion du temps.

Sans autre forme de procès, il a désigné Ron Stallworth (Chuck) qui avait démontré sa « loyauté sans failles et son grand dévouement » au Klan. Décision approuvée à l'unanimité.

« Ron-Chuck » était bien parti pour devenir responsable de la section locale du Klan. C'était une excellente nouvelle pour l'enquête. En gravissant les échelons de la hiérarchie du Klan, nous aurions accès à plus d'informations. Et nous pourrions contourner les difficultés déontologiques en travaillant en étroite collaboration avec le bureau du procureur.

Chuck avait toujours le risque d'incitation en tête, il a louvoyé de nouveau, remerciant la section pour « le grand honneur » qu'elle lui faisait et opposant le manque de temps pour assumer une telle responsabilité. Ken a balayé l'argument du revers de la main. Chuck trouverait un moyen de s'organiser. Dossier clos, mais pas réglé.

Plusieurs fois, au cours de la réunion, Ken a épinglé l'action non violente, laquelle avait tellement transformé la culture américaine que même le Klan l'avait fait sienne, empruntant paradoxalement à Martin Luther King une partie de son programme. Malgré le crédo officiel, Ken était un partisan acharné de la violence.

Il voulait mettre en place une milice de la frontière. Armés de fusils à lunettes, des membres du Klan en pick-up iraient tirer sur tous ceux qui se risquaient à traverser le Rio Grande. Une surveillance armée conforme au projet de David Duke sur le contrôle de l'immigration.

C'était l'occasion pour Ken de montrer fièrement à Chuck son arsenal composé de treize fusils et carabines, ainsi que d'un pistolet à poudre noire, sans oublier les munitions. Bien sûr, il avait d'autres armes un peu partout dans la maison, ainsi que dans tous ses véhicules. Une précieuse information si nous étions un jour amenés à exécuter un mandat de perquisition chez lui ou à tenter une arrestation alors qu'il était au volant.

Alors que Chuck s'apprêtait à partir, Ken lui a montré aussi une liste d'environ vingt-cinq noms des membres de la section. « Voilà tous ceux dont tu seras le chef », a-t-il dit avant d'insister de nouveau sur les vertus du recrutement exponentiel. Hélas, Ken a rangé la liste sans que Chuck ait eu le temps de la mémoriser. En tout cas, même si elle n'était pas très soudée, cette petite fraternité diabolique comptait plus de membres que nous ne l'avions cru.

Chuck a pris congé. J'ai démarré pour rentrer au poste. J'avais certes sous-estimé la puissance inquiétante du Klan dans ma ville, mais mon enquête allait passer à la vitesse supérieure et je bouillais d'excitation.

6.

Dans le Posse

Aussitôt, j'ai adressé une requête au sergent Trapp pour des effectifs supplémentaires. Chuck devait absolument présenter un nouveau membre. Toujours en soutien, Trapp est allé trouver le patron sur-le-champ pour lui demander d'assigner un autre agent à mon équipe. Arthur n'a pas sauté de joie, mais il n'avait pas son mot à dire. Mon dévolu s'est porté sur Jimmy qui m'épaulait déjà dans les missions de surveillance. C'est lui qui rejoindrait Chuck en infiltration.

Le 11 décembre, je suis parti pour Canon City à la rencontre de Guy Thomas, enquêteur spécialisé dans le renseignement, et basé au Colorado State Penitentiary. Je l'ai alerté sur le fait que le Klan essayait de mobiliser les prisonniers par courrier, en envoyant des exemplaires du *Crusader*. Thomas m'apprit qu'un numéro avait été confisqué à un détenu venu du comté de Weld, à la frontière avec le Wyoming, au nord de l'État. Ce dernier se revendiquait à présent membre du Klan et avait déjà recruté un autre homme. Un troisième recevait directement le journal du QG de Metairie, en Louisiane, un autre encore des lettres d'un membre du National Socialist White People's Party (NSWPP) – le Parti national socialiste du peuple blanc, basé à Arlington, en Virginie. Thomas me promit de me communiquer toute information venant de l'intérieur du système pénitentiaire.

Le même jour, Ken a appelé Chuck avec une bonne nouvelle. L'avant-veille, il avait été contacté par le Posse Comitatus local, qui lui avait fait part d'un éventuel rapprochement avec le Ku Klux Klan. Une information capitale car, à l'époque, le Posse Comitatus était le principal mouvement d'extrême droite du Colorado.

En latin, *posse comitatus* signifie « la force du comté ». Mouvement social sans hiérarchie très nette, le Posse Comitatus était alors opposé au gouvernement fédéral et ne reconnaissait de légitimité qu'au comté et à son shérif. Lequel avait pour unique rôle d'exécuter la volonté des citoyens. Dans le cas inverse, il était passible d'être « emmené à midi au carrefour le plus fréquenté pour y être pendu et laissé au bout de la corde jusqu'au soir en guise d'exemple pour ceux qui seraient tentés de subvertir la loi ».

Plus récemment, dans les années 1990, on a vu des membres du Posse, « survivalistes » actifs, participer à la formation des milices citoyennes armées. Aussi antisémite et suprémaciste que le Ku Klux Klan, le groupe est convaincu que le gouvernement fédéral se trouve sous le contrôle du ZOG (gouvernement d'occupation sioniste), au centre d'une vaste conspiration juive.

Dans les années 1970, à Colorado Springs notamment, le Posse avait une méthode éprouvée pour intimider les forces de l'ordre et tous les représentants des pouvoirs publics : le terrorisme administratif, en particulier la production de faux documents de nantissement immobilier. Faux documents qui acculaient les victimes à d'interminables et coûteuses procédures judiciaires pour récupérer la pleine propriété de ce qui leur appartenait de droit. Certains policiers de ma connaissance s'étaient ainsi trouvés dans l'incapacité de revendre leur maison à cause d'un soi-disant nantissement au profit du Posse.

Lorsque j'étais agent en uniforme, il m'était arrivé de me trouver face à des membres du Posse lors de contrôles routiers. Comme je travaillais pour la Ville et non pour le Bureau du shérif, ils contestaient ouvertement mon autorité. Selon eux, je n'avais pas le droit de leur demander de s'arrêter, et moins encore celui de leur parler. Que je sois noir n'arrangeait rien ! Convaincus à tort que notre autorité n'était pas sanctionnée par la Constitution américaine, ils refusaient de reconnaître notre compétence devant les tribunaux et perdaient à tous les coups. Malgré la surveillance continue du Posse et de ses membres par la brigade de renseignement, nous n'avions jamais pu infiltrer leur groupe.

Le projet de rapprochement avec le Klan m'est apparu, ainsi qu'au sergent Trapp, comme un coup de théâtre particulièrement instructif. Restait à voir comment, en l'état actuel des choses, nous allions pouvoir exploiter la situation à notre avantage et élargir le périmètre de l'enquête. À l'époque, le Posse Comitatus représentait une vraie plaie pour la police, et la fusion fomentée par Ken soulevait des problèmes sans précédent. Au premier abord, l'union faisant la force, il était dans notre intérêt que les deux groupes demeurent séparés. Le diable en personne présiderait à une telle union si elle avait lieu – un cauchemar pour les habitants de Colorado Springs. Mais la perspective d'une coalition offrait aussi de nouvelles opportunités en matière de collecte d'informations. La simple identification des membres du Posse redessinerait les contours de l'enquête. Dans le Colorado, ce groupe était plus important que le Klan, et ses adeptes étaient franchement timbrés. Une bande de fous furieux qui se promenaient en ville avec des flingues. A priori, leurs armes n'étaient pas chargées, c'est la loi. Mais comment un agent de police pouvait-il en être certain ?

Intarissable ce jour-là, Ken a aussi confié à Chuck son admiration pour les idées du Posse. Il avait d'ailleurs accueilli quelques membres chez lui la veille, a-t-il dit au téléphone. Et il était à son tour invité pour une réunion, le surlendemain, 13 décembre. On l'avait autorisé à venir accompagné de deux autres représentants du Klan. Tim, le trésorier, serait de la partie. Pour le deuxième, il hésitait encore entre Bob, le garde du corps, Joe son bras droit, et moi, Ron Stallworth.

Au début, il avait espéré que Fred Wilkens se joindrait à eux car il voulait profiter de cette réunion pour montrer au Posse *Naissance d'une nation,* le film à la gloire du Klan. Mais Wilkens n'étant pas disponible, la projection avait été reportée au 20.

On n'insistera jamais assez sur l'importance de *Naissance d'une nation* dans la fondation du Ku Klux Klan moderne. Inspiré d'un roman de Thomas Dixon, un pasteur de Caroline du Nord, et réalisé par D. W Griffith, le film était sorti en 1915, à l'époque des comédies bouffonnes du cinéma muet. Deux heures quarante-cinq de grand spectacle : un tournant dans l'industrie du cinéma. Dans un article consacré à l'impact du film sur la société américaine, le critique Roger Ebert nota que, jusqu'aux années 1960, *Naissance d'une nation* conserverait sa réputation de plus grand film de l'histoire du cinéma. Longtemps inégalé en termes de popularité, le film reflétait alors le point de vue, jugé tout à fait acceptable, de bon nombre de Blancs américains. Ebert citait la réponse paternaliste de Griffith à ceux qui l'accusaient d'être anti-nègres : « Cela reviendrait à dire que je suis anti-enfants, car les nègres étaient nos enfants, nous passions notre vie à les chérir et à nous occuper d'eux. » Griffith était l'incarnation du sudiste blanc et fier de l'être. Ses films reflétaient l'attitude de ses pairs, incapables de concevoir les Noirs américains comme leurs semblables dignes de droits.

Naissance d'une nation présente une version légendaire de l'Histoire ; le Ku Klux Klan y vole au secours du Sud après la guerre de Sécession. Jouant sur la force épique des grandes batailles et le mythe de la Reconstruction, il brosse les portraits de Noirs alternativement violeurs assoiffés de sexe, loyaux serviteurs de leurs maîtres blancs ou députés dévorés d'ambition. De représentants au Congrès des États du Nord, déterminés à punir le Sud de s'être dressé contre eux. De *carpetbaggers*, ces nordistes venus s'installer dans le Sud pour y faire fortune dans le cadre du programme de Reconstruction et méprisés par les Sudistes.

Sous prétexte d'une histoire d'amour entre un colonel et son infirmière, Griffith déploie tout l'arsenal sudiste. La sœur du colonel se donne la mort pour éviter d'être violée par un « Noir lubrique ». Horrifié, le Ku Klux Klan entre alors en scène afin de libérer le pays de ce fléau. Thomas Dixon, ancien camarade de classe du président Woodrow Wilson, avait organisé en avant-première une projection privée à la Maison Blanche à laquelle furent conviés les membres du gouvernement et leur famille. On racontait que le président, très ému par le film, avait confié que c'était « comme si la foudre avait écrit l'histoire... », avant d'ajouter : « Mon seul regret, c'est que tout y soit aussi terriblement vrai. »

Fin décembre, l'année de sa sortie, *Naissance d'une nation* avait déjà rapporté 18 millions de dollars (409 millions en dollars constants) de chiffre d'affaires. Son impact était tel qu'on lui attribuait la renaissance du Klan.

Conscient du pouvoir de propagande du film, William J. Simmons, qui s'était autoproclamé Grand Sorcier la même année, en fit l'outil promotionnel de son nouveau Klan. Soixante ans plus tard, les chefs récents, dont Ken, Wilkens et David Duke, s'en serviraient encore pour rallier leur auditoire à la Cause.

Toujours en verve, Ken rapportait maintenant à Chuck qu'un membre du Posse Comitatus possédait un sabre original du KKK et une boucle de ceinturon du premier Grand Sorcier, le General Nathan Bedford Forrest. Il envisageait de les racheter. Mais l'excellente raison du rapprochement entre les deux groupes, a-t-il lâché, c'était la formation que le Posse dispensait à ses membres pour échapper à l'impôt sur le revenu qu'ils jugeaient inconstitutionnel. Moyennant soixante-cinq dollars, les membres du Posse pouvaient apprendre comment remplir des formulaires de contestation afin de s'y soustraire. Si les deux groupes joignaient leurs forces, Ken prévoyait de recommander à tous les membres du Klan de s'y inscrire.

Puis le ton a changé pour la première fois, et Ken a reproché à Chuck de ne pas avoir amené trois nouveaux membres à la section. Il était le seul à ne pas l'avoir fait, a menti Ken. En réalité, personne ne les avait trouvés. Cette insistance devenait vraiment problématique. On ne pouvait pas éternellement « essayer » en vain sans mettre en colère des types dans son genre. Ou pire : sans éveiller les soupçons.

Chuck a alors assuré qu'il allait essayer de convaincre un ami de les rencontrer et Ken lui a proposé de conduire l'entretien. Chuck pourrait ainsi prétendre qu'il était nouveau, ce qui lui permettrait de préserver son image publique, puisque c'était son désir.

Pendant ce temps, la rumeur d'un flic noir infiltré au KKK a commencé à se répandre au sein des forces de l'ordre. Un jour où je témoignais dans une affaire de drogue, et alors qu'un avocat venait de m'interroger, le juge a couvert son micro, s'est penché vers moi en me demandant si l'enquête avec le KKK avançait. Surpris, j'ai voulu savoir comment il était au courant. « Tout le monde en parle », s'est-il contenté de répondre. Et désormais, au « bar à flics » où tous les professionnels de la justice pénale se réunissaient après le travail, il y avait toujours quelqu'un pour me payer un coup et porter un toast à la cantonade : « Au seul Noir assez fou pour rejoindre le Ku Klux Klan ! » Les verres se levaient alors dans ma direction et immanquablement un autre lançait : « Montre-nous ta carte de membre ! » Une carte que je n'avais toujours pas.

Dans le service, ça se savait plus encore. Nous étions environ deux cent cinquante officiers assermentés, le deuxième service de police de l'État en termes d'effectifs, après le Denver Police Department. En comptant les civils, nous devions dépasser les trois cents employés. Par bien des aspects, nous étions pareils à un village où tout le monde se connaît et où les secrets n'en sont jamais vraiment.

J'étais harcelé par des collègues qui cherchaient à participer à l'enquête d'une manière ou d'une autre. Certains souhaitaient intégrer la brigade de renseignement et pensaient faire de moi leur allié s'ils s'investissaient sur cette affaire. D'autres voulaient voir leur nom figurer dans ce qui était devenu une source d'histoires de premier choix dans notre milieu. Tous ces commérages ne m'enchantaient guère, mais je mentirais en disant que je n'étais pas fier de mon travail et des félicitations qui le couronnaient.

L'enquête avait un mois maintenant. Et la journée du 11 décembre, particulièrement riche en informations, a marqué un changement de direction. Ce jour-là, j'ai été contacté par un sergent du NORAD, le Commandement nord-américain de la défense aérospatiale, chargé de « la surveillance des objets spatiaux fabriqués par l'homme, ainsi que de la détection, la validation et l'annonce des offensives contre l'Amérique du Nord, par avion, par missiles ou par véhicules spatiaux, en s'appuyant sur des accords de soutien mutuel signés avec d'autres commandements ». Créé en 1958 en pleine guerre froide, le NORAD avait sa principale base technique, classée « Secret Défense », sous le mont Cheyenne, à l'ouest de l'Interstate 25, face à Fort Carson.

Le sergent du NORAD, comme beaucoup, avait entendu parler de mon enquête. Il s'est présenté en m'informant d'emblée que lui aussi était noir. Il avait vécu dans plusieurs villes – Indianapolis, Chicago, Saint-Louis et Petersburg, en Virginie –, dont certaines où le Klan était en activité. Il savait ce dont ces types étaient capables pour détruire une communauté et pour nuire à ses habitants, et il voulait faire ce qui était en son pouvoir pour les en empêcher à Colorado Springs.

Avant de rejoindre l'Air Force dix-huit ans plus tôt, en 1960, il avait été membre des Black Muslims et du Black Panther Party. Il était resté en contact avec des membres des deux groupes. Environ dix jours plus tôt, un membre des Black Muslims de Chicago, proche de Louis Farrakhan, l'avait appelé pour se renseigner sur « l'atmosphère » à Colorado Springs depuis l'émergence du Klan.

Selon le sergent, son interlocuteur voulait savoir si les Noirs de Colorado Springs soutiendraient une contre-manifestation menée par un groupe venu de Chicago et s'il faudrait prévoir des « machines » (des armes).

Le sergent avait répondu aux deux groupes que « l'atmosphère » à Colorado Springs n'était pas mûre pour une telle action et leur avait suggéré de ne pas venir. Selon lui, les Panthers l'écouteraient, mais les Muslims débarqueraient sans doute en même temps que David Duke. Si les Muslims ne manifestaient pas contre Duke, a-t-il précisé, ils essaieraient probablement d'ouvrir une mosquée en ville. Les Panthers et les Muslims avaient beau s'opposer à un groupe de suprémacistes blancs prônant la haine, ils n'en posaient pas moins de vrais problèmes au policier que j'étais, à cause des drogues et de la violence.

J'ai remercié le sergent de son appel, je lui ai confirmé que l'arrivée de tous ces gens à Colorado Springs ne nous aiderait pas. Vus de notre côté de la barrière, et faute d'un terme plus approprié, ils seraient considérés comme des agitateurs extérieurs.

Le 12 décembre, j'ai reçu un rapport des agents de patrouille en uniforme concernant un certain Michael W. Miller, soldat à Fort Carson. Suite à une plainte pour tapage, les agents étaient intervenus au Bunny Club, un bar populaire fréquenté par les militaires. Miller s'était mis à insulter le patron. Accusant la serveuse de l'avoir arnaqué sur la monnaie, il avait jeté une « carte de visite » sur le bar en menaçant : « Je devrais foutre le feu à ce bouge. Ça ne serait pas ma première fois ! »

Sur la carte figuraient le logo des chevaliers du Ku Klux Klan, l'adresse et le numéro de téléphone du QG national de Metairie. Et, couronnant le tout, la devise de la première campagne de Duke aux sénatoriales de Louisiane : « La pureté de la race, c'est la sécurité de l'Amérique. » Quand on m'a communiqué le dossier, j'ai aussitôt noté une mention familière sur le coin gauche : White People, Org – l'entité juridique permettant à Ken O'Dell de gérer un compte en banque pour le KKK. Et j'ai reconnu la boîte postale à laquelle j'avais envoyé ma lettre de candidature.

Interrogé par les agents, Miller avait commencé par nier la scène du bar. Puis il avait changé rapidement de stratégie en arguant que posséder ou distribuer à la ronde les cartes du KKK n'avait rien d'un crime. Selon une autre carte délivrée par l'État de l'Oregon, il était autorisé à acheter des explosifs. Il avait été formé à leur manipulation dans l'armée. Ayant déterminé qu'il était en état d'ébriété, les agents l'avaient escorté hors du bar avant de le remettre aux autorités militaires.

J'ai pris contact avec la police militaire de Fort Carson et le CID (Criminal Investigation Detachment, ou Détachement des enquêtes criminelles) pour savoir où en était l'affaire. D'après ses supérieurs, Miller était un alcoolique notoire qui officiait dans la reconnaissance, en effet formé à la manipulation d'explosifs.

Son sergent-chef – un Noir – était au courant des liens de Miller avec le KKK. Celui-ci en avait fait étalage devant lui à plusieurs reprises. Miller l'avait même menacé, glissant qu'il avait astiqué une cartouche de calibre .30-06 gravée à son nom et dont il comptait bien lui faire cadeau un de ces jours.

Apparemment, on n'avait prévu aucune mesure disciplinaire à la suite de ce manquement au code de conduite du soldat. Le sergent avait choisi d'en rire. Pour lui, c'était du Miller tout craché ! Miller continuait à boire, à fréquenter le KKK, à proférer des menaces de mort à peine voilées. Fidèle à lui-même. Et, aux yeux de son sergent-chef – noir –, c'était visiblement « normal ». Les autorités militaires acceptaient avec indifférence qu'un de leurs soldats, représentant le gouvernement et le peuple des États-Unis, se dise ouvertement raciste et membre du Ku Klux Klan.

Plus tard ce jour-là, j'ai appelé David Duke à son QG de Louisiane pour prendre une fois encore des nouvelles de ma carte de membre.

« Oui, tout à fait, je me souviens de vous !, a-t-il dit. Comment ça va ? » David Duke se montrait toujours très cordial, et même tout content de parler à une nouvelle recrue qui l'intriguait. J'ai servi tout mon laïus à propos de ma carte et de mon impatience à en découdre. Je n'attendais que de pouvoir rendre à la race blanche la place qui lui avait été confisquée par les négros et les Juifs. Hélas, sans carte, le règlement du Klan m'en empêchait.

Duke m'a prié d'attendre un instant. Je l'entendais brasser du papier. Ayant remis la main sur mon formulaire d'adhésion et sur le chèque qui l'accompagnait, il s'est excusé. Tout traînait ces derniers temps à cause de problèmes administratifs.

« Je vous promets de m'en occuper personnellement, Monsieur Stallworth », a-t-il dit avant de raccrocher.

J'avais vraiment du mal à garder mon sérieux quand je parlais à David Duke. Ainsi qu'à garder pour moi ce que je pensais de son racisme. Vu de près, c'était comique. Un ramassis d'âneries.

Quand j'appelais Ken, David ou Fred Wilkens, le sergent Trapp venait parfois écouter les conversations et il lui arrivait de devoir quitter la pièce pour qu'on ne l'entende pas pouffer de rire. Dans le genre humour noir, on prenait notre pied.

Mi-décembre, Ken a téléphoné à Chuck pour le tenir au courant de l'évolution de la situation avec le Posse Comitatus. Il en a profité pour lui raconter qu'il devait aller signaler au shérif une altercation qu'il aurait eue avec un « gosse de nègres ». Il préparait apparemment sa vengeance contre l'adolescent. Je n'ai jamais pu confirmer ces dires. Chuck, en tout cas, avait envie d'aller à la pêche aux informations. Et c'est le moment qu'il a choisi pour mentionner « un de [s]es amis intéressé par une adhésion au Klan. » Enfin ! Ken était ravi et avait hâte de le rencontrer. Rendez-vous fut pris pour ce soir-là au Corner Pocket Lounge.

À l'heure dite, Chuck et l'inspecteur des stups du CSPD James (Jimmy) Rose se sont présentés au bar, tandis que je me trouvais dans la voiture stationnée devant. De son côté, Ken était accompagné de Bob, le garde du corps, et de Tim, le trésorier. Tandis que Ken s'installait avec Jim pour lui présenter le Klan, Bob a invité Chuck à un billard essayant clairement d'éloigner ce dernier de la conversation.

Pendant la partie, Bob a informé Chuck que tous les soldats présents chez Ken le 8 décembre avaient rejoint le Klan récemment. La section comptait maintenant environ vingt-quatre membres – des militaires, pour la plupart. Tous étaient d'accord avec Ken pour que Chuck (moi) lui succède au poste de responsable de la section.

De nouveau, Chuck a tenté de botter en touche. Tim, venu les rejoindre, trouvait lui aussi que Chuck était le plus indiqué pour le job, « du fait de la place qu'il occupait dans la communauté ». Renvoyé à la vie civile, lui rentrait à Boston pour créer sa propre section du Klan.

Si Chuck et moi avions fait si bonne impression sur Ken, c'était grâce à l'écœurant torrent de boue raciste que nous avions déversé dès la première conversation téléphonique. Je ne le soulignerai jamais assez, Ken était un parfait imbécile. Il suffisait de lui adresser des louanges, de flatter son ego, de lui donner le sentiment d'être un grand leader, pour que notre travail d'infiltré reste insoupçonnable. Mais du coup, impossible de le contredire frontalement, notamment sur cette nomination à la tête de la section.

Tandis que Bob et Tim s'occupaient de Chuck, Ken entreprenait de recruter Jim, auquel s'était ajouté Carol, elle aussi désireuse d'adhérer au Klan. Camionneuse à son compte, elle disait avoir été agressée par des membres du Black Panther Party onze ans plus tôt. Depuis ce jour, elle portait une arme dans sa botte, sans permis, et guettait l'opportunité de rejoindre une organisation comme le Ku Klux Klan.

Ken leur a servi l'argumentaire destiné à ferrer ses proies. Le plus important était d'« aider les Blancs sans le sou de Colorado Springs ». Il avait reçu plusieurs coups de fils de familles dans le besoin. En revanche, les appels aux dons passés dans les journaux n'avaient pas donné grand-chose.

S'il le fallait, a-t-il dit, il accueillerait ces pauvres gens chez lui pour un dîner de Noël et contacterait les supermarchés pour des dons de conserves. Puis il s'est lancé dans un discours sur le « nouveau » Ku Klux Klan. Selon lui, il avait connu un second souffle en 1954, le jour où ses membres avaient décidé de ne plus associer leur nom à la violence.

Le « nouveau » Klan était à présent un parti politique qui aspirait à présenter des candidats en toute légalité aux deux chambres du Congrès et au poste de gouverneur dans plusieurs États. David Duke, a-t-il insisté, comptait se présenter à la prochaine présidentielle et œuvrait à débarrasser le Klan de sa sale réputation. Celle d'une bande de tristes sires sudistes sans cervelle et ventrus, imbibés de bière et chiquant du tabac.

Désormais, le Klan exigeait de ses membres qu'ils s'inscrivent sur les listes électorales. C'était bien de cette manière que les Noirs avaient gagné du pouvoir au fil des ans : en poussant à voter de plus en plus de gens acquis à leur cause. Le temps était venu pour le Klan de passer de l'idéologie à l'action politique pour se réapproprier le pays.

Et regardant Carol et Jim droit dans les yeux, Ken a conclu qu'il n'était pas opposé à des représailles musclées envers les ennemis du Klan, tant que le nom de l'Organisation n'y était pas ouvertement associé.

Il leur tendait des formulaires d'adhésion quand Jim manqua de faire capoter toute l'opération. Il était si nerveux qu'il avait inscrit son vrai nom, et non Rick Kelley, sa fausse identité sur le papier. Jim a fait signe à Chuck d'approcher et lui a murmuré : « J'ai mis mon vrai nom, je fais quoi ?

— Froisse le papier. Tout de suite. Et demandes-en un nouveau », lui a marmonné Chuck sans desserrer les dents.

Jim s'est exécuté, balançant le formulaire à la poubelle.

« Ken, je pourrais avoir un autre formulaire ? J'ai merdé sur le mien.

— Bah, ça ne doit pas être bien grave, fais voir, a répondu Ken.

— Oh, je l'ai déjà jeté, désolé. »

Aussitôt, Ken est allé le récupérer dans la poubelle.

« Ah ben non ! » a lancé Jim, l'air aussi nonchalant que possible, tout en essayant désespérément de détourner Ken de la feuille froissée. « Je ne peux pas en avoir un neuf ? Je n'ai pas envie d'envoyer un formulaire tout chiffonné. »

Ken a réfléchi un instant, haussé les épaules puis donné un nouveau formulaire, tout en prenant soin de glisser l'autre dans sa poche.

Jim a rempli la nouvelle feuille, l'a tendue à Ken, avec les quarante-cinq dollars de l'adhésion (prélevés sur les fonds officiels du CSPD), et la photo de lui prise au Polaroid dans mon bureau.

Une fois les formalités réglées, Ken a repris le récit édifiant de sa vie au Klan. Il avait toujours dans sa poche une arme de poing sans permis. Le Klan s'attendait à une guerre des races avant les élections de 1984, alors il se tenait prêt. Il avait aussi deux carabines, plusieurs fusils, des pistolets et assez de munitions sous la main pour y faire face. Une chose était sûre : tout le monde au Klan adorait les flingues, presque autant qu'au Posse. Sans la moindre ironie, il a ajouté qu'il n'aimait pas trop la radicalité du Posse, mais si ses membres tenaient à rejoindre le Klan, il ne pouvait pas les en empêcher.

Enfin, il a annoncé qu'il quittait le Colorado pour environ trois ans, mais qu'à son retour il avait bien l'intention de « foutre le bordel ».

À la brigade de renseignement de Colorado Springs, nous étions tous parfaitement au courant de l'idéologie antigouvernementale et survivaliste du Posse. Mes collègues et moi connaissions leur chef, Chuck Howarth. Il arrivait qu'on lui parle, et les échanges étaient rarement cordiaux. La plupart du temps, la conversation virait à la confrontation anti-flics, et nous étions régulièrement amenés à faire usage de la force.

Avec Howarth, il fallait se tenir constamment sur ses gardes car il était fasciné par les armes à feu. Dès que nous l'interrogions, il fallait subir ses interminables monologues sur son calibre .45, par exemple, tellement mieux que le 457 magnum que je portais toujours sur moi. Pas moyen d'en placer une. D'un ton aussi poli et professionnel que possible, je finissais par lui demander de cesser avec ses histoires de flingues s'il voulait savoir ce qui m'amenait à l'interroger. Lors d'une précédente visite, l'agent qui m'accompagnait et moi-même avions dû lui demander de poser le revolver qu'il arborait à la ceinture quand il était chez lui. Était-ce constitutionnel ? Sur le moment, nous n'étions guère concernés par les questions de constitutionnalité, notre sécurité (et la sienne) importait davantage. Howarth avait déjà menacé des agents du CSPD à plusieurs reprises, alors pas question de prendre des risques. Il avait posé le flingue, comme « demandé ».

Ken a fait remarquer à Jim et à Carol que les deux groupes une fois associés seraient forts d'une cinquantaine de membres. Le Posse, selon lui, voulait que les militaires du Klan dérobent des armes automatiques et des explosifs à Fort Carson. L'organisation était visiblement prête à leur en offrir un bon prix. Mais Ken refusait que ses GI se livrent à ce genre d'activité, même s'il ne semblait pas choqué à l'idée d'une attaque furtive directe dans une cache d'armes et d'explosifs située sur une installation militaire. Là où flottait pourtant le drapeau qu'il avait prêté serment de défendre. Le Posse, a-t-il poursuivi, rêvait aussi de faire exploser des « bars *queer* » de la ville à l'aide de bombes artisanales chargées de clous. Pour un effet shrapnel maximal. Il y avait deux bars gays en ville : le Hide N Seek Room Tavern (512 West Colorado Avenue) et l'Exit 21 Cocktail Lounge. Ken avait eu la même idée, qu'il m'avait exposée lors de l'une de nos conversations téléphoniques.

Les membres du Posse avaient par ailleurs entrepris d'aménager des maisons troglodytes dans les montagnes à l'ouest de Colorado Springs, en prévision d'une attaque nucléaire. Ils y stockaient des denrées alimentaires et des armes. Coût de l'opération : 20 000 dollars. Mais, hormis ce fameux cours sur l'évasion fiscale, Ken ne trouvait au rapprochement avec le Posse qu'un seul véritable intérêt : asseoir la présence du Klan dans la région.

L'adhésion de Jim au Klan était désormais dans les tuyaux. Ce deuxième agent infiltré, c'était des yeux et des oreilles supplémentaires sur le terrain, mais aussi une protection bienvenue pour Chuck. Et vice versa. Avant de prendre congé, Ken les a invités tous les deux à venir visionner *Naissance d'une nation* avec le reste du Klan et le Posse.

Alors qu'ils quittaient les lieux, Jim a demandé à Ken une cigarette. Tâtant ses poches, Ken en a tiré le formulaire froissé en même temps que son paquet.

« Tiens, donne-moi donc aussi ce truc, je vais le jeter », a fait Jim en désignant la boule de papier. L'enquête était sauve.

7.

KKKolorado

L'enquête prenait une nouvelle ampleur. Ce n'était plus juste ma marotte du moment. Jim était en infiltration. Le Posse Comitatus et le Klan tentaient d'additionner leurs forces. David Duke devait débarquer en ville moins d'un mois plus tard. Et des groupes anti-Klan, comme les Black Muslims, les Black Panthers et le PLP, préparaient une contestation sous haute surveillance.

Le 16 décembre, une vingtaine d'individus des People for the Betterment of People ont marché au centre-ville. Ces braves gens avaient beau être pleins de bonnes intentions, l'organisation n'était pas leur fort. L'événement avait été préparé par une femme au foyer de Colorado Springs qui refusait la haine dans sa communauté et voulait le faire savoir. Partis de Vermijo Street, les manifestants avançaient du côté est de Tejon Street. Ken O'Dell, en robe du Klan, et son bras droit Joe Stewart, vêtu d'une veste aux couleurs de l'organisation, arrivaient en face.

Ken a fait une courte halte pour répondre aux questions des journalistes et des reporters de la télévision. Leur intention n'était pas d'aller au clash, a-t-il assuré. La preuve : ils n'étaient que deux. Non seulement parce qu'ils tenaient à garder secrète l'identité des autres membres, mais aussi afin que chacun comprenne que le Klan était non violent.

J'ai calé mes pas sur ceux de Ken et Joe, assez près pour entendre tout ce qu'ils disaient. Je couvrais les événements en tant qu'agent cette fois. Le vrai Ron Stallworth évoluait ainsi à moins d'un mètre de Ken sans que ce dernier le sache. Et dire que nous nous étions si souvent parlé par téléphone ! Cette idée me fit rire intérieurement. Jamais Ken et sa clique ne s'étaient doutés qu'on se payait leur tête.

Je gardais constamment un œil vigilant sur les passants autour de moi. Je ne pouvais pas prendre le risque qu'on me reconnaisse et me lance un grand « Inspecteur Stallworth ! ». Par quel étrange hasard, se dirait Ken, ce flic noir à côté de lui portait-il le même nom qu'un de ses acolytes au Klan ? Celui qu'il avait personnellement choisi comme son successeur ? J'avançais à leur hauteur sans un mot, m'efforçant de passer inaperçu, savourant le paradoxe.

Au feu rouge d'un carrefour, un Noir, qui tenait par la main son fils de cinq ans, s'est arrêté à la hauteur d'O'Dell. L'enfant a dévisagé Ken, l'air intrigué. Il a demandé à son père : « Papa, pourquoi il porte des vêtements bizarres, le monsieur ? » Quand le père a répondu : « C'est juste un clown, fiston », je me suis esclaffé avec les autres badauds.

Le feu est passé au vert. Ken et Joe lui ont jeté un regard mauvais, ainsi qu'à tous ceux qui se moquaient d'eux, puis nous nous sommes remis en route.

L'échange dont je venais d'être témoin était révélateur. L'époque changeait. Avant, il aurait fallu être un Noir sacrément téméraire pour oser traiter de « clown » un membre du Klan en robe. Un acte de défi, entre inconscience et stupidité, qui pouvait valoir la condamnation à mort. Mais, en 1978, à Colorado Springs, une telle audace était devenue possible.

Désormais, mon équipe et moi nous préparions à l'arrivée de Duke. Avant l'événement, Ken m'a appelé pour m'inviter à dresser une croix de feu. Ni la date ni le lieu n'avaient encore été arrêtés, mais il voulait que je me tienne prêt. J'ai répondu que j'avais hâte d'en savoir plus et, concernant le lieu, j'ai tenté de creuser. En vain. Une chose était sûre, cependant : Ken voulait choisir un endroit stratégique. Chacun, d'où qu'il soit placé, pourrait voir les flammes. À des kilomètres à la ronde, on saurait que le Klan était bien vivant à Colorado Springs. Et si Ken souhaitait ma participation, c'était pour que je mesure à quel point brûler une croix était « une expérience religieuse profondément émouvante ».

Parallèlement, à la recherche de renseignements inédits sur le Ku Klux Klan et sur son histoire générale dans le Colorado, j'ai pris contact avec le RAC (Resident Agent-in-Charge) de Colorado Springs, le responsable du bureau local du FBI. Même s'il rechignait à le concéder, le FBI était une mine d'informations sur le Klan. Et je voulais ce qu'ils avaient.

Ce RAC, qui devint un véritable allié dans mon enquête, pouvait se vanter d'une carrière d'agent fédéral haute en couleurs. Il avait bossé un temps à la CIA avant de revenir au FBI sous J. Edgar Hoover, et il nous régalait de ses anecdotes sur des missions clandestines dignes d'un James Bond. Il avait la langue bien pendue et ne lésinait pas sur l'exagération, si bien qu'il était difficile de séparer le vrai du faux. Sans compter qu'il gardait pour lui l'essentiel, les données « top secrètes ». Nous n'avions droit qu'à la surface des choses, de quoi nous titiller les papilles.

Lui aussi avait eu affaire au Klan. En 1964, il avait enquêté sur le meurtre de trois militants pour les droits civiques dans le comté de Neshoba, dans le Mississippi. Le FBI avait découvert les liens étroits entre le bureau du shérif et le Ku Klux Klan. Quand il avait fallu interroger les Blancs de la communauté, le FBI s'était trouvé dans une impasse. Là-bas, on soutenait et craignait le Klan autant qu'on haïssait le gouvernement fédéral.

En raison de la terreur innée que le Klan inspirait depuis des générations, parler aux Noirs s'était avéré aussi compliqué. L'agent en charge de l'enquête, un type du Nord, attaché au protocole d'investigation du Bureau, s'était heurté à un mur de silence. Son second, en revanche, était un gars du Sud. Il comprenait la culture locale et les gens du coin. À une époque, il avait été l'un d'eux. Il prônait une approche plus « créative ». Autrement dit en violation avec le protocole. C'est ce qu'ils finirent par privilégier : ils trouvèrent un informateur qui les conduisit aux corps des victimes. Et le FBI finit par appréhender plusieurs membres du KKK, dont le shérif. L'affaire fut immortalisée par le film *Mississippi Burning*, pour lequel Gene Hackman, qui jouait l'agent du FBI originaire du Sud, décrocha l'oscar du meilleur acteur.

Le RAC de Colorado Springs avait fait partie de cette équipe qui recevait directement ses ordres de J. Edgar Hoover sur ce dossier. Comme on le voit en partie dans le film, fidèle aux événements, c'est en s'éloignant du protocole que ces agents étaient parvenus à rassembler les preuves nécessaires à l'arrestation des meurtriers.

J'ai demandé au RAC de m'aider à reconstituer l'histoire du Klan au Colorado. D'un air entendu, il m'a répondu que le FBI de Denver ne pouvait rien pour moi, ils n'avaient rien sur le KKK. « Bien sûr, ai-je rétorqué sur le même ton de plaisanterie, pourtant je me suis laissé dire que le FBI avait des dossiers sur tout et sur tout le monde. » Il a secoué la tête en riant avant de partir.

Il venait nous voir au bureau des inspecteurs plusieurs fois par semaine, et chaque fois, j'insistais : « Trouve-moi les dossiers du FBI sur l'histoire du Klan dans le Colorado. » Chaque fois, il secouait la tête et souriait, mais sans plus nier l'existence des informations. Ce changement ne m'avait pas échappé.

Ce petit jeu a duré deux ou trois semaines. Puis un jour, le RAC m'a glissé dans la main un bout de papier avec le numéro de téléphone d'un agent du FBI détaché au bureau de Denver. L'agent X attendait mon coup de fil.

Quand je lui ai demandé qui était cet agent X et pourquoi il voulait que je le joigne, le RAC s'est contenté de m'encourager avec son éternel sourire mystérieux : « Appelle, ducon. » Pour le RAC, ces façons n'avaient rien d'inhabituel : il s'exprimait souvent de manière sibylline, laissant son auditoire méditer sur le sens de ses paroles.

Le lendemain, j'ai téléphoné à l'agent X. Il avait eu vent de mon enquête « plutôt unique en son genre ». Il trouvait le canular hilarant et le prouva en éclatant de rire au bout du fil. Il n'en revenait pas que les membres du Klan soient assez bêtes pour se laisser blouser par notre petit numéro. Il me félicita pour les précieux renseignements que nous avions rassemblés, avant de m'inviter à passer le voir à Denver dès que possible.

Je l'ai rencontré dès le lendemain après-midi. Il m'a laissé seul quelques minutes dans une salle de conférences, face à une grande table en bois. Il est revenu avec deux crayons et un bloc-notes dans une main ; dans l'autre, il tenait une chemise d'une bonne quinzaine de centimètres d'épaisseur. Il a posé l'ensemble devant moi en me disant que je pouvais tout éplucher et prendre des notes, mais qu'aucune copie ne devait sortir de la pièce. « Prenez votre temps », m'a-t-il lancé avant de refermer la porte derrière lui.

La chemise recelait un véritable trésor. Bon nombre des feuilles avaient jauni, les premières remontant aux années 1920. On aurait dit une capsule temporelle à thème unique : le Klan ! Comment et quand il s'était formé (1921) ; le premier Grand Dragon, un médecin du nom de John Galen Locke. Et ses activités : faire sauter la maison d'un facteur noir qui s'était installé dans un quartier blanc, incendier une église africaine méthodiste épiscopalienne (AME) ; boycotter les commerçants juifs de Denver et les exclure de clubs tels que la franc-maçonnerie ; ou encore menacer physiquement juifs et catholiques.

En 1923, on estimait que, dans le Colorado, le Klan comptait entre trente mille et quarante-cinq mille membres, dont la moitié résidait à Denver. Il y avait aussi des sections à Canon City, la ville de la prison d'État ; à Boulder, où se trouvait l'université du Colorado ; à Colorado Springs et à Pueblo, une cinquantaine de kilomètres plus au sud. Une fois installé, le Klan avait brigué le pouvoir politique. Prenant localement le contrôle du parti républicain, les membres avaient choisi dans ses rangs la quasi-totalité des candidats aux élections de 1924. Si bien qu'en 1925, le Sénat et la chambre des représentants de l'État du Colorado étaient composés en majorité de membres du Klan élus sous l'étiquette républicaine.

Le premier nom qui m'a sauté aux yeux était celui de Benjamin Stapleton. Élu maire de Denver, il avait dirigé la ville de 1923 à 1947. C'est à lui qu'on devait la construction de l'aéroport de Denver, lequel avait d'ailleurs été rebaptisé en son honneur Stapleton International Airport en 1944.

Plusieurs membres clés de l'équipe municipale étaient aussi issus du Klan. Stapleton était si dévoué à l'Organisation qu'il ne la renia jamais, même quand des électeurs furieux appelèrent à sa démission. Une élection anticipée fut organisée. Et lors d'un rassemblement du Klan, la réponse de Stapleton aux attaques fut sans équivoque : « Je jure pendant toute la campagne de travailler avec le Klan et pour le Klan, de tout mon cœur et de toute mon âme. Et si je suis réélu, je gouvernerai comme le Klan l'attend de moi. »

Grâce à l'influence des nombreux électeurs du Klan, Stapleton l'emporta de nouveau. L'Organisation jubilait. Et pour fêter ça, on brûla une croix.

L'élection générale de novembre 1924 vit d'autres candidats du Klan l'emporter haut la main : le gouverneur, Clarence J. Morley ; les deux sénateurs au Congrès, Rice Means et Lawrence Phipps ; les fonctions de gouverneur adjoint, de commissaire aux comptes et de procureur général tombèrent elles aussi dans l'escarcelle du Klan. William

J. Candlish, choisi par le Grand Dragon, prit la tête de la police de Denver. Le Klan siégeait également au conseil d'administration de l'université du Colorado et à la Cour suprême de l'État. La ville de Denver et le Colorado dans son ensemble se trouvaient donc, pour l'essentiel, sous le contrôle du Klan. Son influence était telle que des publications nationales se mirent à épeler Colorado avec un K. Cette situation de domination dura environ trois ans, jusqu'à la découverte par les autorités fédérales d'irrégularités dans le financement. L'enquête sonna le glas de cette suprématie en 1926.

Au fil de ma lecture, je voyais surgir les fantômes qui avaient métamorphosé la société locale. Une pensée me taraudait : *Combien d'usagers du Stapleton International Airport savent qu'à leur façon, ils rendent hommage à un ancien leader du Ku Klux Klan ?* J'étais passé par cet aéroport un grand nombre de fois, sans jamais me douter de la référence historique.

La nouvelle génération du Klan ressuscitait une bonne partie des méthodes vieilles d'un demi-siècle. Ou en tout cas elle essayait. Si Ken O'Dell voulait voir l'Organisation devenir un parti politique et s'il poussait les troupes à s'inscrire sur les listes électorales, c'était parce que le Klan, un jour, avait contrôlé une capitale comme Denver et le gouvernement d'un État.

J'avais pris plusieurs pages de notes et intégré l'avertissement de l'agent X : je n'avais jamais vu ces documents. Si je devais me servir de ces informations, il ne fallait pas qu'on puisse remonter jusqu'au FBI. Officiellement, aucun de ces fichiers n'existait.

Un jour ou deux après mon retour de Denver, j'ai reçu un colis d'un enquêteur qui travaillait à la chambre des représentants. À l'intérieur, j'ai découvert quatre volumes intitulés : « Auditions sur les activités du Ku Klux Klan aux États-Unis par le Comité sur les activités anti-américaines de la chambre des représentants du 89e congrès (1965-1966) ». Ces volumes contenaient toute l'histoire « officielle » du Klan, collectée lors d'une enquête du gouvernement fédéral et lancée à l'apogée du mouvement pour les droits civiques. Principalement des témoignages sur le Klan. De quoi mieux comprendre encore l'organisation et le type d'individus attirés par son idéologie.

J'ignore toujours aujourd'hui comment ces documents arrivèrent jusqu'à moi.

J'ai aussitôt pris contact avec Barbara Coopersmith, la directrice exécutive de l'Anti-Defamation League (ADL). L'ADL est une organisation non gouvernementale fondée par l'association B'nai

B'rith dont l'objectif est de surveiller et de combattre les suprémacistes blancs et tout autre groupe – en particulier antisémite – prônant une idéologie basée sur la supériorité raciale. Barbara m'a promis l'aide de son association au niveau local comme au niveau national. Elle se mettrait en relation avec le siège situé à New York si nécessaire. En retour, j'ai accepté de la tenir régulièrement au courant de nos progrès. Peu après, j'ai reçu un premier envoi de documentation historique et des renseignements obtenus sur le terrain grâce au réseau que l'ADL avait tissé.

C'était un autre exemple d'approche « créative ». En général, à moins qu'ils soient directement impliqués dans une enquête dont ils devaient connaître les détails, nous ne mettions pas de civils dans la boucle. Mais si je tenais compte des tensions entre le Klan et la communauté juive américaine, Barbara Coopersmith et l'ADL pouvaient se révéler un précieux allié en élargissant au reste du pays ma vision des activités du Klan.

De temps en temps, Barbara Coopersmith me demandait d'interroger mes « sources » au sein du Klan, sur tel ou tel point précis, pour le bureau de Denver ou d'ailleurs. Alors je téléphonais à O'Dell ou à Fred Wilkens, voire au deux, et je lançais discrètement des hameçons. Une fois ou deux, j'ai même appelé David Duke, qu'à son insu je poussais donc à collaborer avec son ennemi juré.

Barbara Coopersmith était une vieille dame. « Saperlipopette, je m'amuse comme une petite folle ! », s'exclamait-elle quand je revenais vers elle. C'était parfois très drôle, c'est vrai. L'idée que le Grand Sorcier du KKK en personne « coopère » involontairement à une enquête de l'ADL lui procurait un plaisir fou. Elle aimait comploter avec nous, faire partie de notre « arnaque » contre le Klan.

Mon amitié, faute d'un terme plus juste, avec David Duke se confirmait. Après notre conversation du 12 décembre, nos coups de fil étaient devenus plus réguliers. Nous nous appelions environ deux fois par semaine. Quand je lui téléphonais, je le couvrais d'abord d'éloges, comme tout le monde, je lui servais du respectueux « Monsieur Duke », je le complimentais sur l'essor du Klan, et ça suffisait pour lui délier la langue. Fier comme un coq, il m'expliquait tous leurs projets et m'abreuvait d'informations : un défilé à Los Angeles, un rassemblement à Kansas City ou ailleurs, les points de ralliement, les objectifs, les éventuelles ripostes violentes, les attitudes envisagées face à la police, je savais tout. Je m'empressais ensuite de transmettre ces détails aux forces de l'ordre de la juridiction concernée. Plusieurs fois, Duke me confierait sa surprise d'avoir trouvé la police si bien préparée aux actions du Klan, « comme s'ils étaient au courant de ce qui allait se passer ».

Mandaté naturellement par les divers services de renseignement aux quatre coins du pays, je devins l'interlocuteur privilégié de Duke. Depuis les réformes post-Watergate, le FBI n'avait officiellement plus le droit de s'intéresser aux activités de groupes tels que le Klan, à moins d'une menace avérée de violences ou de complot. Chaque fois qu'ils apprenaient les détails de l'opération – un flic noir inscrit au Klan au nez et à la barbe de ses membres –, mes interlocuteurs se tordaient de rire.

Ces requêtes m'offraient l'opportunité d'avancer dans des directions inexplorées. Parfois, mes conversations avec David Duke restaient légères. Il me donnait des nouvelles de sa femme, Chloé, et de leurs enfants, toujours enthousiaste et chaleureux quand il s'agissait de répondre à mes questions plus personnelles. C'était un mari aimant et un père fier de sa progéniture. Il adorait leur compagnie. À condition d'oublier l'idéologie raciste et toutes les sottises du KKK, sa conversation était tout à fait agréable. Celle d'un type normal. Dès qu'on abordait le sujet du Klan, le docteur Jekyll devenait Mister Hyde. Le monstre était lâché. Il avait embarqué toute sa famille dans son délire. Sa femme l'épaulait dans la gestion des affaires du Klan et tous deux prenaient soin d'élever leurs enfants dans ce monde-là, sous la tutelle des Klan Youth Corps.

De temps en temps, pour me distraire, je testais la naïveté de « Monsieur Duke ». Tout en ne dérogeant pas de la ligne raciste, je lui ai demandé un jour s'il n'avait pas peur qu'un petit malin de « négro » l'appelle en se faisant passer pour un Blanc. « Non, m'a-t-il répondu. Je suis toujours capable de dire si je parle à un négro ou pas. » Comment les reconnaissait-il donc ? « Vous, par exemple, a-t-il poursuivi sans hésiter, je vois bien que vous êtes un pur Aryen. Juste à votre façon de prononcer certains mots ou certaines lettres. »

J'ai insisté pour qu'il précise sa pensée. « Un Blanc prononce l'anglais comme on est censé le faire. Par exemple, le "r" dans "*are*". Un Aryen de race pure le dira comme il faut, "*are*", tandis qu'un négro prononcera ça "*are-uh*". Les négros n'ont pas l'intelligence suffisante pour parler correctement anglais. Au téléphone, quand vous vous adressez à un type que vous ne connaissez pas, prenez le temps de bien faire attention à la façon dont il prononce certains mots. »

En me retenant de rire ou d'être pris de nausée, j'ai lancé : « Monsieur Duke, je vous remercie pour cette leçon parce que, sans vous, je n'aurais jamais noté de différence entre notre façon de parler et celle des négros. À partir de maintenant, je vais faire très attention à mes conversations téléphoniques, pour être sûr que je ne m'adresse pas à un négro. »

Il a paru flatté, et content que la bienveillance qu'il mettait à partager son savoir et sa « sagesse » ne m'ait pas échappé. Il était heureux d'avoir pu m'aider et il espérait que cette leçon serait bénéfique. À compter de ce jour, je me suis arrangé pour caser dans toutes nos conversations ce « *are* », que je m'appliquais à prononcer comme un « négro ». C'était le doigt que je lui mettais symboliquement dans l'œil – et mon doigt d'honneur aussi. Ma façon de lui dire que ce Noir non diplômé était plus malin que lui, qui avait passé quatre ans à l'université. Avec mes « *are-uh* », je me payais bien sa tête. Jamais il ne remarqua que l'un de ses petits soldats aryens parlait anglais comme un « négro » ni qu'il était d'origine africaine : noir et fier de l'être.

Si Duke avait partiellement raison sur l'usage de la langue par les Noirs, sa logique était plus qu'approximative.

Certains Noirs du Sud prononçaient bel et bien le mot « *are* » comme Duke l'avait noté. Feu ma belle-mère par exemple. Titulaire d'un master de l'Alabama State University, elle avait longtemps dirigé le département de gestion d'un lycée de Colorado Springs. Elle était aussi investie dans sa paroisse de l'Église africaine méthodiste épiscopalienne que dans sa communauté. Pourtant, pendant les trente ans où je l'ai côtoyée, je l'ai toujours entendue prononcer le mot « *are* » exactement tel que David Duke le décrivait.

Mais cette prononciation n'était pas propre aux Noirs. Dans le Sud, nombre de Blancs avaient cet accent. Rien à voir avec une intelligence supérieure de la race aryenne. Juste la marque linguistique de la région dans laquelle on grandissait.

Ce qui restait le plus étonnant, c'était la désinvolture avec laquelle Duke employait le mot « négro » ; lui si soucieux de sa respectabilité, lui qui n'apparaissait en société qu'en costume-cravate, et qui réservait sa robe aux cérémonies fermées. À la Louisiana State University, il avait étudié les sciences politiques. Il s'exprimait bien, débattait mieux encore – un chef d'un nouveau genre qui reflétait la vision de *son* Klan rénové. Et ce même homme, s'il ne proférait jamais le mot « négro » en public, se lâchait complètement avec les membres du Klan.

Duke m'avait fait part de son intention de se présenter à des élections dans un futur proche. Seule la voie des urnes, disait-il, permettrait au

Klan de changer l'Amérique au profit de la race blanche. Il commencerait par une fonction d'État, mais il visait la présidentielle.

À l'époque, en 1978-1979, Duke était au parti démocrate, dans sa mouvance la plus conservatrice. Il ne changerait d'attaches politiques que dix ans plus tard. La question des races était le noyau dur de sa pensée politique et de son univers. Les Blancs en général, et le Klan en particulier, lui apparaissaient comme les garants des vertus et des valeurs morales du pays. Son point de vue était plus en phase avec les années Eisenhower (1953-1961), où la domination blanche était la norme, qu'avec l'Amérique de la fin des années 1970.

À l'époque d'Eisenhower, le sénateur du Wisconsin, Joe McCarthy, avait entamé sa croisade anticommuniste, dominée par « l'élitisme culturel » des Blancs. Une attitude qu'illustraient bien les attaques contre le rock'n'roll, qui puisait son inspiration dans les racines de la culture noire et qui déferlait sur la jeunesse blanche. Le Klan joua un rôle clé dans la dénonciation et s'évertua à juguler l'influence croissante du rock.

Ce dénigrement de tendances à contre-courant de la culture majoritaire a d'ailleurs trouvé un nouveau souffle dans le conservatisme à la Trump. Aujourd'hui, les informations me rappellent trop souvent cette époque où j'enquêtais sur le Klan. Et je repense alors à ce père et à son fils, contemplant Ken dans son accoutrement de *klansman*. Juste un clown !

8.

Initiation

Le 20 décembre, Ken a voulu s'assurer que Jim et Chuck n'avaient pas oublié la projection de *Naissance d'une nation* à 19 heures. Il leur a aussi demandé s'ils étaient disposés à déplacer les poutres qui serviraient à la construction des croix de feu. L'une d'elles, haute de plus de neuf mètres, serait bientôt dressée à Denver.

Celle de la section de Colorado Springs suivrait, sur une colline, à proximité du carrefour entre Hancock Avenue et Delta Avenue. Les lieux étaient très fréquentés. Fred Wilkens serait des leurs. Enfin, cerise sur le gâteau, Jim et Chuck seraient personnellement « nationalisés » – accueillis comme membres officiels du Ku Klux Klan, en d'autres termes – par David Duke en personne lors de sa visite en janvier.

J'attendais de savoir où Ken envisageait précisément de brûler la croix, pour demander aux dispatcheurs le renfort de deux ou trois patrouilles.

Il fallait assurer une surveillance constante des environs, être certain que nul ne pourrait planter de croix sans être identifié.

Notre simple présence suffirait sans doute à dissuader Ken et ses acolytes de passer à l'acte. En revanche, les surprendre en flagrant délit aurait exigé de les piéger.

Toujours au téléphone avec Jim, Ken a raconté sa rencontre avec un ancien membre du Klan, actif dans les années 1920 et 1930. Il était certain que le type ne mentait pas, car « il connaissait la poignée de main secrète du Klan ». Le vieil homme voulait réintégrer l'organisation et aider la section de Colorado Springs à grossir. Puis Ken a raccroché sur la promesse d'apprendre à Jim et à Chuck la fameuse poignée de main secrète. Mais il faudrait attendre que David Duke les ait nationalisés.

Jim et moi avons encore bien rigolé. Non content d'avoir trouvé le système de mise à feu des croix dans un film de James Bond, Ken criait maintenant sur tous les toits une histoire de poignée de main secrète. Un vrai pied nickelé à la tête d'un groupe suprémaciste.

À 19 heures, Chuck et Jim ont sonné chez Ken, dans une résidence du Westside de Colorado Springs, pour la réunion au sommet entre le Klan et le Posse Comitatus. Fred Wilkens était accompagné de David Lane, un avocat représentant le

Klan dans la région de Denver. Nous avions vu son nom passer dans un article sur les groupuscules d'extrême droite du Colorado, mais nous n'avions jamais croisé l'homme ni prévu la présence d'un membre de l'American Nazi Party. Jamais, avant cette réunion, nous n'avions été informés de liens entre le Klan de Colorado Springs et cette faction nazie.

Toujours au titre du Klan, Donald Black, le Grand Dragon de l'Alabama, était aussi en visite chez son homologue Wilkens. Nous ignorions s'il était là pour soutenir Wilkens ou en mission officielle, envoyé par son ami Duke pour incarner le bureau national des chevaliers du Ku Klux Klan.

Figure intéressante dans l'histoire des groupuscules d'extrême droite américains, Donald Black succéderait à Duke à la tête du Klan vers 1980, date à laquelle ce dernier fonderait la National Association for the Advancement of White People (NAAWP), l'Association nationale pour l'avancement du peuple blanc, un intitulé en forme de pied de nez à la NAACP, la National Association for the Advancement of Colored People, l'une des principales associations de défense des Noirs américains depuis le début du XXe siècle. Black, en revanche, ne parviendrait pas à maintenir l'image « respectable » du Klan initiée par Duke. Grâce au projet *Klanwatch* de l'association Southern Poverty Law Center, on apprendrait qu'un an après son entrée en fonction, il serait arrêté avec d'autres membres du Klan et plusieurs néonazis pour avoir tenté de renverser le gouvernement de la Dominique. Des années plus tard, Black épouserait l'ex-femme de Duke. Le couple fonderait le premier site de la fachosphère américaine : stormfront.org.

Tim et Joe étaient là aussi, ainsi que des futurs membres de la section, parmi lesquels le fameux vieil homme qui avait soi-disant fait partie du Klan dans les années 1920.

Pour le Posse, Chuck Howarth avait entraîné les membres de l'équipe dirigeante.

D'emblée, l'avocat David Lane prit le contrôle de la réunion, en pressant le Posse de s'investir davantage aux côtés des groupes suprémacistes blancs du Colorado.

Ken informa Wilkens qu'il avait recruté trente-huit futurs membres au Colorado State Penitentiary. Ce dernier, selon son propre aveu, n'avait pas obtenu l'autorisation des militaires pour la diffusion du *Crusader* sur la base de Fort Carson.

C'est Donald Black qui introduisit brièvement *Naissance d'une nation*. À l'entracte, les participants venus de Denver annoncèrent leur départ, cependant, l'avocat crut bon de livrer sa « plaidoirie de clôture ». « Il est essentiel que tous les groupes suprémacistes blancs unissent leurs efforts pour gagner. » Il les exhortait tous à rejoindre le Ku Klux Klan local. Et il acheva son discours par un salut nazi, assorti d'un « *Sieg Heil* » venu du fond du cœur.

Une fois les membres de Denver partis, on lança la seconde moitié du film pour ceux qui restaient.

De retour au poste, mes agents et moi avons passé la soirée au crible. Chuck et Jim étaient d'accord pour dire que les deux groupes s'entendaient comme larrons en foire. Pour Jim, ça ne faisait aucun doute : les chefs du Klan et du Posse allaient bientôt organiser une autre réunion à Denver. La menace d'un rapprochement n'avait jamais été aussi réelle.

Informée du débriefing, Barbara Coopersmith s'était montrée très intéressée par le rôle de l'avocat. Elle allait prévenir sur-le-champ le bureau national de l'ADL à New York. Ce projet de fusion entre le Klan et le Posse Comitatus ne manquerait pas de l'inquiéter.

Le 2 janvier 1979, ma carte de membre du Ku Klux Klan est enfin arrivée par la poste chez Ken. C'est Jim qui est allé la récupérer. Selon Ken, la double nationalisation de Chuck et de Jim aurait lieu le 7 janvier dans l'après-midi. Quinze nouveaux membres seraient adoubés. David Duke présiderait la cérémonie. Fred Wilkens allait passer chez lui dans la soirée pour discuter des détails de la visite de Duke. De plus, il avait obtenu la permission des autorités de Fort Carson de faire entrer une chaîne de télévision locale sur la base. Durant l'interview on aborderait les discriminations subies par les soldats blancs.

Puis Jim est revenu au poste avec ma carte. Elle portait le numéro CO78862, ce qui voulait dire que j'avais adhéré en 1978 et que j'étais le 862e membre actif dans le Colorado. Le dos de la carte a attiré mon attention. Y figuraient « six promesses » – le Code de conduite du chevalier du Ku Klux Klan.

Il s'engageait à :

1. Travailler inlassablement à la préservation, à la protection et à la promotion de la race blanche.
2. Vouer une loyauté sans failles aux chevaliers du Ku Klux Klan – le seul vrai Klan.
3. Obéir à tous les ordres des officiers de l'Empire.
4. Garder secret le nom des autres membres et les rituels du Klan.
5. Ne jamais discuter des affaires du Klan avec des représentants en civil des forces de l'ordre, au niveau local ou national.

6. Remplir jusqu'à sa mort ses obligations sociales, fraternelles et financières envers le Klan.

La règle n° 5 a provoqué l'hilarité générale. « Je jure de ne jamais discuter des affaires du Klan avec des représentants en civil des forces de l'ordre, au niveau local ou national. » C'était trop beau pour être vrai. Ils l'avaient écrit noir sur blanc. Pourtant, à leur insu, ils ne faisaient que ça depuis des jours.

Une fois ma carte en main, j'ai attrapé mon téléphone et appelé Ken, puis David Duke. J'ai remercié Ken de m'avoir fait porter la carte. Il a tenu à me préciser que si j'étais bien enregistré au bureau national en Louisiane, l'inscription ne prendrait effet qu'après ma nationalisation.

« C'est une pure formalité, mais c'est important, a-t-il dit. Je crois que ça va te plaire. »

Ken avait réservé une salle aux alentours de Denver. Après la cérémonie, une nouvelle projection de *Naissance d'une nation* était prévue. Le lieu pouvait accueillir cent cinquante personnes, et cent treize invitations avaient déjà été envoyées à des habitants de la région. Ken espérait remplir la salle, car Duke allait également faire un discours.

La section devait aussi prévoir une croix de feu pour clôturer la visite de Duke à Colorado

Springs. Ils creuseraient le trou le 11 ou le 12 janvier, quelque part vers Sand Creek (à l'est), près d'Academy Boulevard, pour qu'elle soit bien visible depuis l'Interstate 25.

Grâce à son dispositif d'amorçage pêché dans un James Bond, quand la police arriverait sur les lieux, prévenue par des citoyens, ils seraient déjà loin. J'ai pris note de l'endroit pour y envoyer des patrouilles.

J'ai demandé à Ken si les cérémonies de nationalisation exigeaient de porter la tenue du Klan. D'après lui, ça n'était pas obligatoire, mais si j'en avais une, elle contribuerait à développer un sentiment de fierté. Je n'ai pas pu lui avouer que la comptabilité de la police n'autorisait pas les dépenses de quarante dollars. Et je n'ai pas davantage convaincu le sergent Trapp de faire débloquer les quatre-vingts dollars pour déguiser Chuck et Jim. J'ai eu beau insister, arguant que les robes contribueraient à renforcer la légitimité des agents infiltrés, le coût était juste trop élevé.

J'ai appelé Duke en Louisiane dans la foulée pour le remercier avec effusion de m'avoir accepté comme membre de « son » Klan. Lui dire que j'étais fier d'avoir enfin ma carte. Mes propos dégoulinaient de gratitude. Duke espérait que je me montrerais longtemps aussi impliqué. Il serait bien le 10 à Colorado Springs, où il avait hâte de me rencontrer car Ken ne cessait de faire mon éloge.

« Ce sera un grand jour pour nous », a-t-il dit avant de raccrocher.

Le lendemain, j'ai obtenu confirmation auprès de Continental Airlines qu'une réservation avait été faite au nom d'un « Monsieur D. Duke » sur un vol au départ de La Nouvelle-Orléans pour Stapleton International Airport le 6 janvier. Le vol retour était confirmé pour le 13. Mon intuition avait payé. À l'époque, Continental Airlines était l'une des plus grosses compagnies du pays. Le 11 septembre n'était pas encore passé par là et ce genre de vérifications était beaucoup plus facile qu'aujourd'hui pour un agent de police local. Maintenant que j'avais tous les détails du périple de Duke, mes collègues et moi allions pouvoir affiner notre approche.

Le 4 janvier, en prévision de l'arrivée de David Duke à Denver pour la cérémonie de nationalisation, laquelle entraînerait inévitablement une tempête médiatique et des manifestations anti-Klan, une réunion stratégique fut organisée au Denver Police Department. Le sergent Trapp, Jim et moi y représentions le CSPD.

La police de Denver était, quant à elle, représentée par le sergent en charge de la brigade de renseignement et par un inspecteur. La police de Lakewood y participait également, ainsi qu'un enquêteur de l'Organized Crime Strike Force, l'unité tactique spécialisée dans le crime organisé du bureau du procureur du Colorado. Lequel ne tarda pas à nous révéler qu'à la réunion du 20 décembre entre le Klan et le Posse, l'un des individus que nous n'avions pas réussi à identifier se trouvait être le chef du Posse Comitatus de Lakewood.

J'ai proposé à la police de Denver de jouer un rôle plus actif dans l'enquête en infiltrant un de leurs agents de renseignement dans le Klan. Le sergent a accepté mon offre : il mettrait un gars à disposition et je pourrais le présenter lors de la réunion avec David Duke.

Avec trois paires d'yeux et d'oreilles à l'intérieur du Klan, plus rien de ce qui se tramait dans le Colorado ne nous échapperait. Peut-être même que cette surveillance accrue nous ouvrirait des portes vers d'autres groupuscules de la fachosphère. Infiltrer un troisième agent constituait un immense atout pour mon enquête.

Au terme de la réunion, les trois services de police s'étaient engagés à mobiliser un total de sept agents, en renfort de Chuck et Jim, pendant la cérémonie de nationalisation.

La participation de la police de Lakewood et du bureau du procureur démontraient à quel point les autorités prenaient au sérieux la menace que représentait la visite de Duke. La présence en un même lieu, des sections du Klan de Denver et de Colorado Springs, de l'American Nazi Party, du Posse Comitatus, et de gangs de motards hors-la-loi souscrivant à la rhétorique suprémaciste, c'était du jamais vu dans le Colorado – en tout cas depuis que j'étais flic. Nous ne ménagions pas nos efforts pour assurer la protection de nos concitoyens. Jamais le bureau du procureur ne s'était impliqué dans une enquête sur les groupuscules racistes. Et nous devions ce nouvel investissement à l'Organized Crime Strike Force, supervisée principalement par des policiers de Denver. Aux quatre coins de l'État, des enquêteurs y étaient détachés. Une fois mon enquête sur le KKK terminée, je la rejoindrais d'ailleurs en tant qu'enquêteur spécialisé dans les affaires de stupéfiants. Plus tard encore, mon superviseur, Robert C. Cantwell, prendrait la tête du Denver Police Department. À sa retraite, le gouverneur le nommerait directeur du bureau des enquêtes du Colorado, puis du département des établissements pénitentiaires.

À présent, avec des hommes en plus sur le terrain, j'étais prêt à accueillir « Monsieur Duke ».

Tous les médias étant au courant de son arrivée imminente, l'opposition n'a pas tardé à se manifester. Le *Gazette-Telegraph* a annoncé un rassemblement à midi, à Acacia Park, en plein centre-ville. Une vingtaine de personnes étaient là, mobilisées par les People for the Betterment of People. Bientôt, par solidarité et pour offrir un peu de visibilité à leur propre cause, les Citizens for the Reform of Prisoners Rights, ou citoyens pour la réforme du droit des prisonniers, se sont joints au cortège. Malgré ses promesses, la section du CAR de Denver n'avait pas pu faire le déplacement.

Ils défilaient à présent à l'angle de Tejon Avenue et de Nevada Avenue, quand deux membres du Klan surgirent sur le trottoir d'en face, pour avancer à la même allure.

À l'instar des précédentes, cette manifestation était un flop total. Pour une ville que les médias décrivaient comme scandalisée par la présence du Klan et la venue de David Duke, cette poignée de vingt manifestants semblait bien dérisoire. Les People for the Betterment of People manquaient cruellement de vrais chefs dotés de talents de tribun et d'organisateurs taillés pour rameuter les foules. Nous assisterions au même genre de scènes tout au long de l'enquête. Un petit groupe de citoyens s'indignait publiquement, mais la réponse de la ville dans son ensemble restait tiède.

Personne ne prêtait attention aux deux membres du Klan venus narguer les manifestants, pas même les journalistes. L'un d'eux s'est approché d'un reporter pour lui demander s'il cherchait une histoire à raconter. Le reporter a répondu oui, alors le type du Klan l'a entraîné jusqu'à son pick-up, où il a enfilé sa robe avant de commencer l'interview. Témoins de la scène, d'autres journalistes se sont rués pour lui coller micros et caméras sous le nez. Un déchaînement médiatique complètement artificiel, et pas très éloigné des actuels paparazzis.

Trop souvent, par l'ardeur qu'ils déploient pour trouver un « scoop », les médias génèrent eux-mêmes les événements dont ils parlent ensuite. Ce qui ne sert que l'individu et le sujet couvert, en offrant une tribune ou un pouvoir que ni l'un ni l'autre ne mérite.

Le 7 janvier, Chuck et Jim se sont rendus dans l'immeuble de Lakewood où résidait Fred Wilkens pour le lancement de la cérémonie de nationalisation qui marquerait leur entrée officielle dans le cercle des chevaliers du Ku Klux Klan. Des types d'un gang de *bikers* de Colorado Springs les escortèrent dans une pièce où se trouvaient onze autres personnes. On les présenta officiellement à David Duke et à David Lane, l'homologue de Ken à la section de Denver. Remarquant qu'on vendait des

T-shirts WHITE POWER – KU KLUX KLAN, Chuck et Jim en achetèrent un chacun. Avant de se rendre sur les lieux de la cérémonie, tout le monde était convié à un déjeuner dans un restaurant Denny's du coin. Ce jour-là, et pour le restant du séjour de Duke, les unités de surveillance ne les quittèrent pas d'une semelle.

Au restaurant, Chuck et Jim avaient appris que le meeting aurait lieu dans une salle du nom de Grange Hall, 3130 Youngfield Street, à Wheat Ridge, une ville située au nord de Lakewood. S'éclipsant du groupe un instant, Jim a prévenu par téléphone l'agent infiltré de la police de Denver. Il fallait qu'il soit là pour être adoubé avec les autres.

Le repas terminé, Jim et Chuck l'ont retrouvé à Grange Hall. Ken, déjà sur place, l'aidait à remplir son formulaire, avant d'encaisser le montant de l'adhésion. Ils étaient désormais douze à attendre leur « nationalisation » : huit hommes de Colorado Springs et quatre de Denver, parmi lesquels trois policiers infiltrés, rien de moins.

Présidée conjointement par David Duke, David Lane, Ken O'Dell et Joseph Stewart, le bras droit de Ken, dans leurs robes du Ku Klux Klan, la cérémonie allait durer à peu près une heure. Avec la solennité qui s'imposait et à la lueur des bougies, ils commencèrent par le serment d'allégeance. Puis les chefs se succédèrent au pupitre. Les nouveaux membres devaient répondre « oui » à dix questions :

1. Êtes-vous citoyen américain, blanc et non juif ?
2. Votre ambition de rejoindre le Klan est-elle sincère et désintéressée ?
3. Pouvez-vous assurer que vous ne vous êtes jamais vu refuser par le passé une demande d'adhésion au Ku Klux Klan ?
4. Avez-vous foi en la Constitution des États-Unis ?
5. Êtes-vous favorable à un gouvernement suprémaciste blanc ?
6. Croyez-vous au droit pour tout homme libre de se rebeller contre la tyrannie de son gouvernement ?
7. Croyez-vous en la séparation des races ?
8. Croyez-vous au droit pour notre peuple de pratiquer la foi chrétienne partout où il se trouve rassemblé, y compris par des prières dans les écoles et les lieux publics ?
9. Allez-vous obéir fidèlement à la Constitution du Klan et à ses règles ?
10. Êtes-vous prêt à consacrer votre vie à la protection, à la préservation et à la promotion de la race blanche ?

Un peu plus tard, les nouveaux membres durent s'agenouiller, mains en prière, pendant que Duke les aspergeait de l'« eau bénite » de la purification, en récitant « dans le corps, dans l'esprit et dans l'âme », formule qui n'était pas sans rappeler la bénédiction catholique : « Au nom du Père, du fils et du Saint-Esprit. » Quelle ironie ! Lors de ses cérémonies les plus sacrées, le Klan empruntait à la liturgie catholique pour laquelle il affichait un profond mépris. Une des preuves les plus flagrantes de leur hypocrisie.

Seigneur donne-nous de vrai Blancs !

L'Empire invisible exige un esprit fort, un cœur noble, une foi véritable et des mains décidées.

Des hommes que la soif de pouvoir ne tue point ;

Des hommes que les honneurs du pouvoir ne corrompent point ;

Des hommes aux opinions fermes et à la volonté sans faille ;

Des hommes d'HONNEUR ; des hommes francs ;

Des hommes sachant braver un démagogue,
Pouvant maudire ses flatteries perfides sans ciller !

Des hommes grands, couronnés de soleil, vivant au-dessus du brouillard dans leurs actes publics et leurs pensées privées ;

Car pendant que la canaille, avec ses crédos usés,
Ses grandes déclarations et ses actes mesquins
Se perd en d'égoïstes querelles, Voyez ! La liberté pleure !

LE MAL gouverne la terre, et la justice sommeille, attendant son heure.

Seigneur donne-nous de vrais Blancs

Des hommes ne servant pas pour d'égoïstes butins.

Mais des hommes vrais, des hommes crânes, braves face au devoir ;

Des hommes fiables ; des hommes d'excellence ;

Et les torts alors seront redressés, et le bien règnera sur la terre ;

Seigneur donne-nous de vrais Blancs !

À la fin de la cérémonie, la quarantaine de personnes présentes resta pour la projection de *Naissance d'une nation*. Le Posse Comitatus avait apporté un détecteur de métaux pour empêcher quiconque de venir avec une arme. Un individu se vit refuser l'entrée. Chuck et Jim avaient laissé la leur dans la voiture. Ils prirent la pose avec David Duke qui signa une des photos à Jim : *To Rick Kelley, White Power Forever* – « à Rick Kelley, le pouvoir blanc pour toujours ».

Environ quinze jours plus tard, j'ai reçu mon « certificat de citoyenneté » signé par David Duke, lequel validait mon appartenance aux chevaliers du Ku Klux Klan.

Le 8 janvier, Ken a demandé à Chuck de l'accompagner à Denver pour assurer la sécurité de David Duke pendant ses apparitions publiques. Fred Wilkens l'avait informé qu'une vingtaine de manifestants qui scandaient des slogans anti-Duke et anti-Klan s'étaient invités à l'une de ses interventions. Désormais, jugeait Wilkens, le Klan devait répondre par une démonstration de force. Il avait déjà convaincu plusieurs « *bikers* amis du Klan » de venir leur prêter main-forte, si Ron (Chuck) et Ken étaient là aussi, ça pourrait « devenir méchant ». Chuck s'est défilé en prétextant que son travail ne le lui permettrait pas.

Le 9 janvier, j'ai appelé Ken. Une manifestation anti-Klan était prévue, lui ai-je dit, devant le studio de la chaîne KKTV de Colorado, pendant l'intervention de Duke. Le défilé n'était un secret pour personne. La rumeur circulait même un peu partout. Je voulais savoir comment le Klan projetait d'y réagir, dans le cas où il avait prévu de le faire. Ken aurait voulu mobiliser le plus de monde possible à la section, mais il n'avait pas réussi à réunir les cent membres dont il rêvait. Pas question de ridiculiser Duke et le Klan avec un cortège minable. Il préférait laisser tomber l'idée.

Il comptait, en revanche, joindre la police de Colorado Springs afin de demander une protection pour Duke, et de prévenir toute violence de la part des manifestants. Il était prévu que Duke déjeunerait avec les membres locaux et le Posse

Comitatus à la Bonanza Steakhouse, 1850 North Academy Boulevard. Après quoi, il ferait un premier passage radio sur KRDO, avant de filer aux studios de la KKTV où il débattrait avec un « négro », professeur à l'University of Southern Colorado. Ken a ajouté que le journal télévisé de Channel 9 allait aussi couvrir la venue de Duke. De nouveau, les médias étaient fascinés par le Klan, prêts à offrir à sa cause cette attention qu'elle convoitait tant.

Le même jour, j'ai eu un appel de l'un des manifestants anti-Klan que j'avais rencontrés à Acacia Park. Il me signala que son groupe, la Coalition Against Racism and Sexism s'appelait à présent Anti-Racist Coalition (ARC). Il avait prévu, avec le Committee Against Racism (CAR) de Denver et le groupe de Colorado Springs du People for the Betterment of People, de se réunir le 13 janvier, au restaurant Giuseppe's Depot du centre-ville, avant de se rendre à Acacia Park, environ huit cents mètres plus loin, pour une manifestation anti-Klan. Il m'invitait à me joindre à eux. Je lui ai assuré que je serais là.

Une demi-heure plus tard, Ken a appelé le responsable des patrouilles de nuit, en se présentant comme le chef local du Ku Klux Klan. David Duke avait trois rendez-vous à honorer à Colorado Springs le lendemain et il était abreuvé de menaces de mort. Ken réclamait une protection policière pour son chef de midi à 18 heures.

Au lieu de s'adresser au département concerné, le lieutenant s'est tourné vers moi. Il arrivait que la brigade de renseignement prenne en charge la « protection des personnalités et dignitaires ». J'ai communiqué la demande à mon sergent, avant de me concentrer de nouveau sur notre enquête. Je n'imaginais pas qu'il me reviendrait bientôt d'assurer en personne la sécurité du Grand Sorcier.

9.

Duke, duc du Colorado

Le 10 janvier était le jour attendu par tous ceux qui collaboraient de près ou de loin à cette enquête. David Ernest Duke, Grand Sorcier des chevaliers du Ku Klux Klan, devait retrouver son entourage à la Bonanza Steakhouse à midi. Tôt ce matin-là, j'ai été convoqué dans le bureau du chef.

Le département avait reçu plusieurs menaces de mort visant Duke pendant sa visite à Colorado Springs. Mon chef refusait qu'il lui arrive quoi que ce soit dans « sa » ville. Et, dernier caprice du sort, c'était à moi, Ron Stallworth, noir et officiellement encarté au Ku Klux Klan, qu'il reviendrait d'assurer la sécurité de Duke. Avec deux agents infiltrés dans l'organisation, le chef jugeait que ma présence suffirait. S'il se produisait quoi que ce soit de sérieux, les deux agents pourraient sortir de l'ombre et me venir en aide. Le chef avait déjà prévenu le responsable des patrouilles de jour.

Les agents en uniforme des environs garderaient un œil sur les lieux et surveilleraient les mouvements des éventuels manifestants anti-Klan.

J'ai supplié en vain le chef de trouver quelqu'un d'autre. « Me mettre dans une telle position peut compromettre l'enquête, qui repose essentiellement sur le fait que le Klan prend "Ron Stallworth" pour un de leurs membres blancs, et non pour un flic "noir". » De surcroît, je craignais de tomber sur un citoyen qui révélerait mon nom, sèmerait ainsi la zizanie, et mettrait en danger Chuck et Jim. Sans parler des membres du Posse Comitatus, qui seraient probablement armés.

Mon chef comprenait mes inquiétudes, mais les menaces étaient assez sérieuses pour accéder à la demande de Duke. Personne d'autre n'était disponible. Et puis, je connaissais si bien le dossier que j'étais le mieux placé.

Cette décision ne m'enchantait pas du tout. Le risque de voir les couvertures de Chuck et de Jim compromises en cas d'incident sérieux était trop important. À contrecœur, j'ai quitté son bureau avec ma consigne : protéger le chef du Klan.

Je devais effectuer ma mission en civil. Tout le monde verrait un Noir traîner avec le Klan. J'en voulais au chef de m'avoir donné un ordre aussi ridicule. J'ai chargé mon arme avec cinq balles, de quoi tuer cinq connards si besoin était.

À la Bonanza Steakhouse, je me suis vu cerné par des membres du Klan. Une situation qui aurait paru désagréable pour n'importe quel Noir, mais pour moi, c'était un boulot comme un autre. Étaient présents David Duke, Fred Wilkens, Ken O'Dell, Joseph Stewart, des membres de la section, Chuck et Jim. Ces derniers ignoraient que j'avais été chargé de la protection de Duke. Quand je suis entré dans la salle, ils ont marqué le coup et j'ai dû les rassurer d'un regard qui signifiait : « Tout va bien, pas de panique. » Chacun de nous jouait son rôle dans son coin, en échangeant à peine un léger signe du menton de temps à autre.

Chuck Howarth, du Posse Comitatus, était venu avec plusieurs membres, certains accompagnés de leur femme. À leurs yeux, un déjeuner avec Duke avait autant de valeur qu'un déjeuner à la Maison Blanche avec le président pour tout Américain patriote. Ils étaient littéralement subjugués par le Grand Sorcier.

L'assemblée était détendue. Je me suis avancé vers Duke pour me présenter, encerclé par Ken, les membres du Klan, Howarth, et même Chuck, tous curieux de ce que j'avais à dire.

J'ai tendu la main à « Monsieur Duke ». Il l'a serrée, l'index et le majeur tendus le long de mon poignet, le bout des autres doigts enfoncés dans la chair de ma paume. La fameuse « poignée de main secrète » ! Je l'apprendrais plus tard.

« Je suis inspecteur au Colorado Springs Police Department », ai-je dit en omettant délibérément de préciser mon nom, qu'il ne demanda pas.

De toute façon, en cas de nécessité, j'étais prêt à lui donner l'identité d'une de mes couvertures.

« Bien. J'apprécie les efforts du département. Merci », a-t-il dit sans lâcher ma main.

— Je veux juste que vous sachiez que je suis en désaccord complet avec votre mission, vos déclarations, vos campagnes et votre organisation. Mais je ferai mon devoir afin que vous quittiez ma ville vivant.

— Bien. »

Bizarrement, à ce moment-là, j'avais beaucoup en commun avec Fred Wilkens. Alors qu'il était plein de haine à l'égard de toutes sortes de gens, il remplissait son devoir en tant que pompier, respectant à la lettre le serment de servir et de protéger toute la population, sans distinction de race ni de classe. C'était exactement ce que je faisais en cet instant à Colorado Springs, mais dans le camp adverse. J'aurais empêché n'importe qui de tuer David Duke, même si au fond de moi, ce qu'il était et ce qu'il défendait me semblait mériter d'être détruits.

Au début, j'appréhendais que Ken, Fred ou Duke reconnaissent ma voix. Ou qu'ils pensent l'avoir déjà entendue quelque part. Mais mes craintes s'évanouirent rapidement. Décidément, ces types et leurs disciples subissaient un tel lavage de cerveau qu'il n'y restait plus beaucoup de place pour la réflexion.

J'ai annoncé à « Monsieur Duke » que le CSPD avait reçu des menaces à son encontre, sans préciser qu'il s'agissait de menaces de mort. J'ajoutai néanmoins qu'elles étaient suffisamment sérieuses pour que le chef de la police m'assigne à sa sécurité personnelle pendant la durée de son séjour en ville. Le PLP défiait Duke en permanence et ses membres ne cachaient pas leur désir d'en venir aux mains avec le Klan. Je me trouvais dans une position unique : s'il se passait quelque chose, j'allais pouvoir identifier à la fois les membres du Klan et ceux du PLP.

Mon apparition avait fait sourire Fred, Ken et quelques autres *klansmen*. J'ignorais si c'était de soulagement, parce que les menaces contre leur leader avaient été prises au sérieux, ou s'ils jugeaient incongru qu'un « négro » soit responsable de la sécurité de leur chef, le Grand Sorcier des chevaliers du Ku Klux Klan. Peu importait, finalement. Moi aussi, je ricanais intérieurement.

Reconnaissant, Duke me fit généreusement part de sa gratitude, et c'était tout à son honneur. Ken O'Dell et Fred Wilkens l'imitèrent.

Chuck Howarth, en revanche, restait à distance, se contentant de me jeter des regards noirs. C'était lui que je craignais le plus, car je l'avais rencontré au moins deux fois, sans me souvenir si je lui avais donné mon nom. En tout cas, il semblait me reconnaître. Il faut dire que j'étais encore le seul inspecteur noir du CSPD. Mais s'il avait su mon nom un jour, il ne s'en souvenait plus, visiblement. Notre petite escroquerie ne risquait rien.

C'est le moment que j'ai choisi pour demander une faveur à « Monsieur Duke ». Il a accepté sans chercher à en savoir plus. J'avais apporté un appareil photo Polaroid avec moi. « Monsieur Duke, si je dis que je vous ai servi de garde du corps, personne ne me croira, ai-je expliqué. Est-ce que vous accepteriez qu'on nous prenne en photo ensemble ? »

Wilkens et Ken ont souri. Duke a accepté volontiers de se prêter au jeu. Du coup, j'ai demandé à Wilkens de se joindre à nous. Pour pousser la blague encore plus loin, j'ai tendu l'appareil à Chuck, le « Ron Stallworth blanc ». Jim et lui se retenaient difficilement de rire. J'avais réussi à obtenir du Grand Sorcier et du Grand Dragon du Colorado qu'ils acceptent de se faire tirer le portrait avec un de ces « négros » qu'ils détestaient. Et le photographe était un flic qu'ils prenaient pour moi : Ron Stallworth.

Je me suis planté entre les deux chefs du Klan, Wilkens à ma gauche et Duke à ma droite, les prenant tous les deux par les épaules. Wilkens s'amusait de mes pitreries, conscient du comique de la situation, voyant peut-être dans un tel cliché une opportunité en termes de propagande. Duke, en revanche, a repoussé mon bras, s'est écarté et a dit : « Désolé, mais je ne peux pas être vu sur une photo avec vous comme ça. » Le rire de Wilkens s'est coincé dans sa gorge. « Je comprends, ai-je répondu, excusez-moi un instant. »

Je me suis avancé vers Chuck, qui tenait toujours l'appareil et, tout en faisant mine de régler une question technique, j'ai murmuré : « Quand tu m'entends dire trois, tu prends la photo. » J'ai repris ma place entre Wilkens et Duke, les mains croisées devant moi cette fois. Tout le monde a paru satisfait et je me suis mis à compter : « Un, deux, trois ».

Une fraction de seconde avant le trois, j'ai reposé les bras sur leurs épaules. Chuck a appuyé sur le déclencheur avant que Duke ait le temps de réagir.

Si je tenais à aller jusqu'au bout du canular, c'était pour que personne ne doute jamais que j'avais mis sur pied une enquête pareille. J'avais la carte de membre, j'avais le certificat de citoyenneté, mais la photo, c'était la preuve par l'image. Une vraie source d'embarras pour David Duke. « Regardez le Noir qui fricote avec lui. »

Duke a bondi vers Chuck, comme s'il réagissait au coup de pistolet au départ d'une course olympique. Mais j'avais été sprinter au lycée et je l'ai battu d'un quart de seconde. Duke voulait arracher l'appareil à Chuck pour détruire la photo, mais il était hors de question que je le laisse s'en emparer. C'était *mon* appareil, c'était *ma* photo.

J'ai saisi l'appareil le premier. Aussitôt, Duke s'est tourné vers moi pour me le prendre des mains. Je lui ai décoché un coup d'œil intimidant et glacial qui signifiait : « Touchez-moi et je vous arrête pour voie de fait contre un agent de police. À peu près cinq ans de prison. NE LE FAITES PAS ! »

Aussitôt, Duke s'est figé. Le sourire sur le visage de Fred et de Wilkens s'est évanoui. Duke m'a fusillé du regard. Dans ses yeux, je lisais une haine et un mépris intenses. L'appareil photo à la main, je l'ai fixé, l'air malicieux.

À cet instant-là, le Grand Sorcier du Ku Klux Klan a sans doute pris conscience qu'il était un homme vaincu, à la merci de « quelque chose » (ou de « quelqu'un ») qu'il haïssait au plus haut point – un sauvage à tête de singe, un « négro » qui lui était intellectuellement inférieur. À la différence, néanmoins, que cette créature de second ordre portait un badge. Elle avait la loi derrière elle et était déterminée à s'en servir pour faire passer son message. Duke a reculé de quelques pas, démontrant qu'il prenait l'avertissement au sérieux. Et ses disciples aussi. Je les avais mis K.-O. et ça me réjouissait au plus haut point.

Tout en scrutant l'image qui apparaissait sur le Polaroid, j'ai pensé à mes ancêtres spirituels : noirs et blancs, protestants, catholiques et juifs, qui, au fil des décennies, s'étaient bravement battus contre la brutalité du Ku Klux Klan. Ils avaient perdu, faute d'une position de domination ou de contrôle, telle que j'en bénéficiais ce jour-là. J'ai pensé aux défenseurs « en première ligne » de la lutte pour les droits civiques : Martin Luther King et son premier conseiller, Ralph David Abernathy ; John Lewis, le député de Géorgie violemment frappé à la tête par un policier sympathisant du Klan, et à tant d'autres victimes d'arrestations injustes, légitimées par les lois Jim Crow et la ségrégation des Noirs. J'ai pensé aux passages à tabac, parfois par la police ; aux assauts à la lance à incendie ; aux bergers allemands dont on s'était servi, à Birmingham, Alabama, contre des manifestants non violents et sous les ordres du commissaire de police Bull Connor ; aux femmes violées ; aux victimes de coups de feu tirés par des snipers la nuit ; aux bombes. Autant de scènes que j'étais habitué à voir, dans ma jeunesse, à la télévision.

Je me suis souvenu que le 4 avril 1968, alors que j'étais en seconde au lycée Austin d'El Paso, le principal nous avait annoncé au micro l'assassinat de Martin Luther King, à Memphis, dans le Tennessee. Je me suis souvenu du silence de mort qui s'était abattu sur le lycée et sur ses deux mille élèves, alors même qu'on venait de nous libérer en avance et de nous renvoyer chez nous, ce qui aurait dû être une fête. L'établissement redoutait des émeutes, qui n'eurent d'ailleurs pas lieu à El Paso. Sans un mot, dans une ambiance sinistre, nous avions quitté les salles de classe pour gagner la sortie. On entendait que les sanglots des filles et des exclamations étouffées : « Je n'arrive pas y croire » ; « Mon Dieu et maintenant ? » Un camarade et moi avions suivi l'un de nos amis qui possédait un enregistrement du discours de Martin Luther King, *I have a dream*. Assis dans sa chambre, nous avions écouté et réécouté l'écho de cette voix puissante qui hanterait toujours nos consciences. « Enfin libres, enfin libres, grâce en soit rendue à Dieu tout-puissant, nous sommes enfin libres ! » Nous avions les larmes aux yeux, persuadés que le cours de notre réalité « noire » collective serait définitivement modifié par ce crime. Où irait le peuple noir désormais sans la voix de Martin Luther King pour le guider ?

Face à David Duke, je ne pouvais éviter de me remémorer la mort de Martin Luther King. Je me sentais connecté à ces « fruits étranges et amers » dont parle Billie Holiday dans cette chanson devenue l'hymne du mouvement pour les droits civiques, à ces corps lynchés, pendus aux arbres, victimes des atrocités les plus viles, et à toutes les autres victimes oubliées, terrorisées par la domination sans merci des hommes du Klan. Des bourreaux si semblables à David Duke. Cette fois, cependant, les rôles étaient inversés. Le moment m'appartenait, à moi, pas au Grand Sorcier ni à ses sbires. David Duke était à ma merci et, clairement, il n'aimait pas ça. C'était lui, le « négro », dans cette situation et j'étais son *massa*, son maître, fort de mon badge et de la loi.

Plus tard, j'ai fait encadrer cette photo, mais elle a hélas fini par se perdre au fond d'un carton, parmi tous ceux accumulés au cours des trente-cinq ans suivants et de quatre déménagements à travers l'ouest des États-Unis.

Duke me fusillait toujours du regard, plein d'une immense colère, d'un intense mépris, peut-être même d'une haine plus forte que toute celle que j'avais connue jusqu'ici. J'avais arrêté des macs, des prostituées, des dealers que j'avais jetés en prison pour des mois ou des années, sans jamais lire une telle rage dans leurs yeux. Si David Duke avait pu convertir en toute impunité son humiliation en violence, il l'aurait fait. Sans un mot, il a tourné les talons et s'est éloigné, Wilkens, Ken, Chuck, Jim et le reste de sa bande dans son sillage.

Tandis qu'ils déjeunaient, assis à l'écart, je les observais. Pour saluer la réunion du Klan et du Posse à la même table, Duke a lancé quelques commentaires suprémacistes classiques. Aucun des convives ne pouvait oublier ma présence, et je ne fis rien pour masquer mon amusement à les entendre affirmer la supériorité des Blancs sur les Noirs, devant un auditoire qui s'efforçait d'oublier qu'un Noir avait prouvé le contraire quelques minutes plus tôt. À aucun moment, cependant, Duke n'a prononcé le mot « négro ». Il avait remis son masque de représentant du « nouveau Klan ».

Après le déjeuner, le groupe s'est rendu au studio de la KRDO pour une interview télévisée. Puis ils sont partis en convoi chez Howarth, le chef du Posse, pour une réunion « au sommet ». Je suis resté dehors afin d'assurer la sécurité des lieux.

D'après mes agents infiltrés, Duke et Howarth avaient discuté librement des activités de leurs groupes respectifs. Howarth, en particulier, était impatient de raconter les récents faits d'armes des membres du Posse. C'étaient eux qui avaient tenté de destituer Larry Ochs, le maire de Colorado Springs, et de faire voter des amendements limitant les pouvoirs du conseil municipal. Deux projets rejetés sans appel par les électeurs. Howarth prétendait que ces prises de position lui avaient valu deux attaques au cocktail molotov à son domicile.

En temps de paix, disait-il, le Posse Comitatus était une association comme une autre. Mais à la moindre alerte, et « sur un claquement de doigts », ses hommes pouvaient se transformer en milice. Howarth avait *ses* chefs locaux dans chacun des soixante-quatre comtés de l'État, et suggérait ainsi que c'était lui le grand manitou – information qui ne nous a jamais été confirmée.

La diatribe raciste caractéristique des survivalistes n'a pas tardé à le submerger : il y aurait bientôt une famine, il en était certain, et les mieux préparés allaient devoir prendre les armes contre ceux qui ne le seraient pas. Les minorités n'ayant aucune conscience du problème, « les Aryens seraient les ultimes survivants et imposeraient enfin leur volonté à la société ». Howarth avait bien songé à contacter le Klan deux ans plus tôt, après avoir lu pour la première fois leur annonce dans le journal. Mais craignant qu'il s'agisse d'un piège du FBI, il s'était abstenu.

Chez Howarth, Chuck et Jim sont parvenus à subtiliser l'exemplaire, apporté par Fred Wilkens, de *L'Abécédaire blanc : une analyse dynamique des races dans l'Amérique contemporaine du point de vue de la majorité blanche,* ouvrage signé par un certain C. W. Bristol. Une fois au bureau, j'aurais beau entrer ce nom dans toutes les bases de données policières de l'époque – dans l'État et à l'extérieur –, je ne trouverais rien à son sujet. Un inspecteur du renseignement de La Nouvelle-Orléans m'a alors soutenu que C. W. Bristol était un pseudonyme de David Duke, mais sans que j'en obtienne la confirmation. L'ouvrage de quatre-vingt-seize pages était vendu par le bureau national du Klan, et sa promotion assurée dans *The Crusader*. J'apprendrais beaucoup plus tard que *L'Abécédaire blanc* était en réalité l'œuvre de George Lincoln Rockwell, fondateur du parti nazi américain.

Le Ku Klux Klan, comme la plupart des groupes suprémacistes blancs, prétendait souscrire aux plus grands idéaux de l'américanisme, entre autres en honorant la Constitution et le drapeau. Pourtant, et ce n'était pas le moindre de leurs paradoxes, ses chefs accueillaient dans leur panthéon des étrangers tels qu'Adolf Hitler et chantaient les louanges du mouvement national-socialiste, lequel avait mené le monde au bord du gouffre soixante ans plus tôt.

Dans ce panthéon, figurait aussi ce George Lincoln Rockwell, un ancien capitaine de corvette de l'US Navy, décoré pendant la Seconde Guerre mondiale et la guerre de Corée. *L'Abécédaire blanc* constituait son manifeste sur les relations entre les races en Amérique : en quoi les Noirs étaient-ils inférieurs aux Blancs et génétiquement plus proches des singes ? Pourquoi les Juifs, malhonnêtes par nature, en avaient-ils fait leurs larbins dans l'exploitation des bonnes âmes blanches ? Le Noir et le Juif : deux races responsables de la fin de l'Amérique et du déclin de la race aryenne.

Fred Wilkens s'est rapidement aperçu de la disparition de son *Abécédaire*, il a fouillé désespérément la maison pour le retrouver. Il demandait à chaque invité s'il ne l'avait pas vu, sans imaginer un instant qu'un des siens, Jim en l'occurrence, l'avait glissé sous sa chemise et son blouson. Et à la fin de la soirée, le livre a atterri entre mes mains.

À 17 heures, les membres du Klan sont retournés à la KRDO pour une autre interview de Duke, à la radio cette fois. Je suivais dans ma voiture de police banalisée. Duke, qui m'en voulait de l'avoir humilié plus tôt, refusait toujours de m'adresser la parole. Il m'ignorait. Mais que ça lui plaise ou pas, le Grand Sorcier allait avoir un « négro » dans les pattes encore quelque temps. Un « négro » qu'il ne pouvait pas dominer ni contrôler dans la plus pure tradition du « Vieux Sud ». Pire encore, un « négro » qui les ridiculisait lui et son organisation.

L'interview terminée, Duke et son entourage ont enchaîné sur le débat avec le professeur d'histoire noir de la University of Southern Colorado. Les studios de la KKTV se trouvaient à Pueblo, à une soixantaine de kilomètres de Colorado Springs.

Alors que nous étions en route, j'ai reçu un message du dispatcheur de la police m'informant qu'il y avait eu une alerte à la bombe anonyme au studio, assorti de menaces de mort à l'encontre de David Duke. L'auteur du coup de fil avait aussi précisé qu'une réunion aurait lieu plus tard dans la soirée au Northwest Community Center, 605 Willamette Avenue, pour discuter de la réponse à donner à la notoriété croissante du Klan à Colorado Springs. Duke et son équipe arrivèrent au studio télé sous les injures de manifestants anti-Klan. Certains leur jetaient même de petits cailloux.

Duke a commencé à débattre avec le professeur sur l'histoire du pays, les droits civiques et le Klan. De là où je me trouvais, derrière les caméras, la discussion faisait mal à voir. Duke était un bon débatteur, il connaissait son sujet et savait parfaitement justifier ses thèses. Il était décontracté et en apparence plein de savoir-vivre – davantage encore, semblait-il, lorsqu'il était attaqué de front par des gens qui maîtrisaient mieux que lui la question. Et quand on démontait ses arguments fallacieux, étayés par des faits mensongers, Duke gardait son calme. Il opposait une rhétorique spécieuse qui laissait souvent ses adversaires K.-O. et donnait le sentiment qu'on avait affaire à un type brillant.

C'était exactement ce qui se produisait sous mes yeux avec le professeur noir. Même si ce dernier avait une bien meilleure connaissance des faits historiques, Duke semblait dominer la discussion. Le professeur était écrasé par le Grand Sorcier, sans nul doute ravi qu'un « négro d'université » lui permette de retrouver la face après son humiliation du matin.

Ça m'attristait de voir le professeur si secoué, et ça me faisait bouillir d'entendre la langue de vipère de Duke proférer les plus doucereux et les plus toxiques des mensonges.

Quand nous avons quitté le studio, la visite de Duke à Colorado Springs s'achevait. Fred Wilkens est venu me remercier pour mon boulot et me serrer la main. Mais Duke m'ignorait toujours. Wilkens m'a informé qu'il raccompagnait Duke à Denver. J'ai suivi leur voiture jusqu'à la prochaine rampe d'accès à l'Interstate 25 pour m'assurer que tous deux quittaient la ville sains et saufs. Ma mission de garde du corps du Grand Sorcier était terminée.

10.

La forteresse de Ricky Mountain

De mon point de vue, la visite de Duke pouvait s'apparenter à un succès. Même si, en termes de renseignements, nous avions plus ou moins fait chou blanc, j'étais satisfait de mon équipe. La ville avait échappé aux émeutes, aucune croix de feu n'était à déplorer, et David Duke avait survécu. Sans compter qu'avec son incompétence naturelle Ken avait saboté ses chances d'organiser le grand rassemblement public du Klan dont il rêvait.

Devant le studio de la KKTV, je dois avouer que j'avais un moment été tenté de m'écarter pour laisser la foule des protestataires se jeter sur Duke, Fred et les autres. Protéger le KKK était à la fois surréaliste, effrayant et excitant. Une journée hautement comique, à y repenser : les hommes du Klan avaient trois flics infiltrés parmi eux et on leur avait assigné comme garde du corps celui qui pilotait l'enquête.

J'étais là, à côté de Duke, auquel j'avais souvent parlé au téléphone ces derniers temps. Mais cette proximité ne m'avait jamais fait perdre de vue le danger que lui et ses troupes représentaient. Un Klan plus fort, comme resurgi du passé, sèmerait la terreur et causerait de gros dégâts. Tous ces hommes avaient accès à des armes, et chacun de leur rassemblement pouvait virer à la tragédie. Or, si nous avions survécu à la visite de David Duke, notre travail était loin d'être achevé.

Le 13 janvier, le rassemblement anti-Klan a eu lieu comme prévu à Acacia Park. La manifestation ressemblait à celles du 9 et du 11. Ayant eu Ken au téléphone, je savais qu'il comptait s'y rendre – « sous couverture » comme il le formula – vêtu de sa robe du Klan, pour photographier les intervenants à la tribune, en particulier ceux de Denver. Je m'y trouvais aussi pour prendre le pouls de la situation.

Arrivé au parc un peu après midi, Ken a pris six photos avant de retourner à son pick-up. C'est alors qu'une intervention malheureuse a manqué de réduire à néant tous mes efforts pour maintenir l'enquête sous contrôle.

À la brigade de renseignement, nous faisions notre possible pour que nos infiltrations ne s'ébruitent pas. Malgré ces précautions, la nouvelle continuait à se répandre. Parmi ceux qui en avaient entendu parler, il y avait l'agent Ed, un flic de la brigade des mœurs. L'organigramme était ainsi fait qu'il dépendait lui aussi du sergent Trapp, mais nos points communs s'arrêtaient là : il ne s'occupait que d'affaires de mœurs. Le jour du rassemblement, cependant, on l'a envoyé à Acacia Park, avec pour seule et unique consigne de me servir de renfort en cas de besoin. Néanmoins, l'agent Ed a décidé de son propre chef de donner à sa mission une autre envergure.

Apercevant Ken dans le parc, il s'est avancé vers lui pour se présenter. Il suivait dans le journal les actions du Klan, a-t-il prétendu en lui tendant la main, et il les approuvait. Selon lui, les manifestants « racontaient n'importe quoi ». Il voulait de la documentation et poursuivre la conversation avec Ken afin de rejoindre le Klan.

Ken a répondu qu'il était heureux d'entendre son point de vue. Il espérait qu'ils étaient nombreux à le partager.

Ayant noté que plusieurs personnes l'avaient reconnu, Ken a pressé le pas vers son pick-up, Tim à ses côtés. Puis Ken a tendu une carte de visite à Ed, en l'encourageant à lui écrire au Klan – la documentation lui serait envoyée.

L'agent Ed reprenait peu ou prou ma première tentative d'approche du Klan. Il en avait conscience. Mais dans son cas, comme il était blanc, les face-à-face ne lui étaient pas interdits.

Nous avions déjà la documentation qu'il avait réclamée à Ken. Nous étions même abonnés au *Crusader*. Il n'avait donc rien accompli de conséquent, sinon débarquer sans y avoir été invité dans une enquête qui n'avait pas besoin et ne voulait pas de lui. J'avais déjà deux agents infiltrés pour les contacts en face-à-face, et c'était suffisant. L'agent Ed avait carrément deux mois de retard. Impatient de voir sa carrière avancer, il essayait de nous impressionner, le sergent Trapp et moi, pour quitter les Mœurs et être transféré à la brigade de renseignement. Son comportement n'a pas rendu service à mon enquête, et le bonhomme ne s'est guère attiré mes bonnes grâces, c'est le moins qu'on puisse dire.

Ken s'est assis derrière le volant de son pick-up au moment où des manifestants faisaient cercle autour d'eux. Tandis que le véhicule s'éloignait en trombe, Tim a ouvert son blouson pour afficher son T-shirt du Ku Klux Klan, a enfilé une cagoule de ski et brandi le poing en direction des manifestants à travers la fenêtre ouverte. Le pick-up s'est arrêté au feu rouge suivant et un camion de la KKTV s'est rangé à leur hauteur. « Vous voulez une interview ? », a lancé Ken aux occupants.

Toujours dans une sorte de complicité avec le Klan, les journalistes ont suivi Ken deux ou trois pâtés de maisons plus loin pour une interview d'environ cinq minutes. Puis chacun a repris son propre chemin. L'interview serait diffusée à 22 heures ce soir-là.

Je rendis compte au sergent Trapp de l'écart de conduite de l'agent Ed, lequel se vit signifier de rester à distance de mon enquête et de s'en tenir à sa mission. Mais il était coriace et allait même devenir un cauchemar récurrent.

Le rassemblement à Acacia Park avait attiré environ une centaine de personnes. En d'autres termes, les protestataires avaient réussi là où le Klan avait échoué. Prenant la parole à la tribune, Douglas Vaughn s'est présenté cette fois comme un membre du PLP. Il a distribué à la foule divers tracts de l'INCAR, ainsi que des pancartes aux slogans anti-Klan. Tenant d'une main un porte-voix et de l'autre une balle de base-ball, il incitait les manifestants à les clamer avec lui :

Ku Klux Klan, honte des Blancs

et

Duke, Duke, Duke, gros trouduc

À plusieurs reprises, il m'a demandé de prendre la parole mais, chaque fois, j'ai refusé, prétendant être intimidé à l'idée de m'exprimer devant autant d'inconnus.

La manifestation rassemblait un large éventail d'activistes issus de différents groupes présents à Colorado Springs et à Denver, parmi lesquels :

– la Mecha (du Colorado College à Colorado Springs) ;

– la Black Student Union (Colorado College) ;

– la Raza (Colorado Springs) ;

– l'Anti-Facist Coalition (Colorado Springs) ;

– les People for the betterment of people (Colorado Springs) ;

– la Gay Coalition (Denver) ;

– le PLP/INCAR (Denver) ;

– le Colorado Workers United Council (Denver).

Ce jour-là, Marianne Gilbert, de l'INCAR, m'a présenté son mari, Alan, et convié à une réunion le soir même dans une résidence de Colorado Springs afin de discuter de la création d'une section locale. Par elle, je fis également la connaissance d'un soldat noir de Fort Carson et de sa femme, chargés du recrutement pour l'INCAR sur la base militaire. N'ayant que trop peu de temps pour préparer une surveillance et des renforts, j'ai décliné son invitation.

La foule, dans son ensemble, se montrait pacifique et non violente, exception faite de Doug Vaughn et des membres de l'INCAR qui appelaient ouvertement à une confrontation violente avec le Klan et, si nécessaire, avec la police. Dans son discours, un représentant de la Black Student Union de Colorado College a lancé : « Si la police ne les empêche pas de sévir, les masses deviendront notre seul recours pour barrer la route au message de haine du Klan. »

Les discours terminés, la foule s'est mise en route, parcourant les trois ou quatre pâtés de maison qui conduisaient au palais de justice, où le cortège s'est dispersé.

Avant de quitter le parc, Marianne, Alan et Doug ont insisté à nouveau pour que je me joigne à eux dans la soirée. Et à nouveau, j'ai décliné, tout en prenant soin de laisser la porte ouverte pour une autre rencontre, un autre jour.

Avant de me lier davantage, il fallait que je me renseigne un peu plus sur eux trois. C'était particulièrement vrai pour Doug, difficile à cerner, qui appelait à la violence et à la confrontation avec la police. Un autre représentant de l'Anti-Racist Coalition (ARC) m'avait aussi invité à poursuivre la discussion sur les actions à mettre en place contre le Klan. Et à lui aussi, j'avais répondu par la négative.

Le 14 janvier, quatre jours après sa venue à Colorado Springs, j'ai décidé qu'il était temps d'avoir une nouvelle conversation avec David

Duke. J'étais curieux de ses impressions sur sa visite. J'ai composé le numéro du bureau national en Louisiane.

« Allô, c'est Ron Stallworth, à Colorado Springs.

— Oh bonjour, comment allez-vous ? »

Duke, comme toujours, était amical et chaleureux.

« Vous rencontrer m'a donné des ailes, Monsieur Duke, ai-je dit, maintenant, j'ai vraiment envie d'en savoir plus pour devenir un meilleur membre du Klan. »

J'avais été tellement honoré de le rencontrer enfin en personne, ai-je insisté. À l'en croire, c'était réciproque.

Je lui ai confié ma frustration de ne pas avoir eu l'opportunité de passer un peu de temps en tête à tête avec lui, moi qui voulais tellement m'imprégner de sa sagesse.

Duke regrettait aussi que son planning chargé ne lui ait pas permis de faire mieux connaissance avec chacun des membres. Il avait néanmoins, a-t-il ajouté, « beaucoup avancé » dans ses conversations avec Chuck Howarth, le chef du Posse Comitatus. Sans rien préciser de plus.

« Monsieur Duke, il faut que je vous demande : est-ce qu'il y a des choses qui vous ont surpris lors de votre visite ? » J'essayais de découvrir s'il n'avait vraiment rien perçu nous concernant, moi et le Ron Stallworth qu'il croyait connaître.

J'ai manqué m'étouffer de rire quand il a entrepris de se remémorer sa rencontre avec « le flic négro qui avait menacé de l'arrêter pour voie de fait ». J'ai manœuvré pour savoir si ce flic noir avait éveillé chez lui un soupçon quel qu'il soit.

À l'écouter raconter l'histoire, j'ai compris qu'il ne se doutait aucunement de mon infiltration. L'incident le tracassait manifestement toujours. Confier des postes d'autorité aux minorités, a-t-il assuré, était le meilleur moyen pour qu'elles profitent des Blancs. « Dans d'autres circonstances, me suis-je insurgé, on aurait donné à ce négro de flic une belle leçon pour s'être comporté comme ça avec vous ! »

Duke a acquiescé, avant de conclure que ce « négro » était le seul mauvais souvenir de son passage à Colorado Springs. Comparés à ce flic, les manifestants anti-Klan n'étaient pas un problème, il y était habitué – il y avait droit partout où il allait gonfler le moral de ses troupes.

Notre conversation a bifurqué sur les projets du Klan dans lesquels Duke voulait personnellement s'investir. Il a mentionné les deux rassemblements prévus dans les prochaines semaines, à Los Angeles et à Kansas City. Il s'attendait à de grosses contre-manifestations, mais les membres du Klan s'en tiendraient à la non-violence, à moins d'être provoqués. Ce qui valait aussi pour la police. Notre conversation à peine achevée, j'ai contacté les services de police de ces deux villes afin de leur transmettre les informations que je venais de recueillir.

Le 14 juin en fin de matinée, j'ai reçu la visite de deux agents du Bureau des enquêtes spéciales (BES) de la base aérienne de Peterson. Ils avaient entendu parler de l'enquête « intéressante » que je menais et qui impliquait du personnel militaire. Ils voulaient savoir si certains de ces soldats avaient une connexion avec l'Air Force.

Je me suis étonné qu'ils soient au courant de cette avancée. Je n'avais parlé de cet aspect de l'infiltration à personne, hormis à ceux qui devaient absolument être dans le secret. Je ne l'avais même pas évoqué avec la police militaire de Fort Carson ni avec leur branche spécialisée dans les enquêtes, le Détachement des enquêtes criminelles (DEC).

Officiant chez les Stups entre 1975 et 1977, j'avais eu vent d'une unité réputée indigne de confiance dans la police militaire. Ces types vendaient de la drogue, cambriolaient des maisons, organisaient des braquages et se rendaient coupables d'agressions sexuelles. Des pourris. Nos agents avaient dû enquêter plusieurs fois sur ces malfrats en uniforme. Nous ne faisions confiance à personne chez eux. Et notre suspicion s'étendait à toute la police militaire de Fort Carson. Si nous avions travaillé en étroite collaboration avec le responsable du DEC, un adjudant-chef à l'époque, les hommes sur lesquels il s'appuyait étaient issus des rangs de cette police. Communiquer avec l'armée me confrontait donc à un dilemme.

Le responsable du DEC savait que la brigade de renseignement du CSPD avait ouvert une enquête sur le Ku Klux Klan, mais, pour ma part, je m'étais bien gardé de lui révéler qu'il s'agissait d'une opération d'infiltration. S'il l'avait appris, c'était donc par l'un de mes supérieurs ou par un employé de notre département : un bavard qui était au jus, et ils étaient nombreux.

Selon les agents du BES venus me trouver, un de mes chefs avait parlé de l'enquête à l'un de leurs chefs, infiltration comprise. Ils voulaient des détails.

J'ai dû leur raconter mon histoire, qui a suscité les éclats de rire habituels. Mais les agents du BES ont vite repris leur sérieux avant de demander à consulter mes dossiers et la liste des membres du Klan. J'ai sorti le classeur, que j'ai ouvert à la page en question. L'un d'eux a fait glisser son index le long des noms et, brusquement, il s'est arrêté. Levant la tête, il m'a demandé si je pouvais les accompagner. Pour aller où ? me suis-je enquis. Il a refusé de me le dire, malgré mon insistance.

Leur curiosité venait de piquer la mienne. Ce besoin impérieux de tenir notre destination secrète m'intriguait. Devais-je y aller ou pas ? Je me suis tourné vers le sergent Trapp pour avoir son opinion. Il était tout aussi intrigué que moi, mais m'a laissé le soin de décider seul.

J'ai pris le temps de réfléchir quelques minutes. Après tout, nul ne fait une confiance aveugle au gouvernement fédéral, et aux militaires en particulier. J'ai fini par accepter. Satisfaits, ils m'ont prié d'emporter le classeur. Avant de quitter mon bureau, j'ai réclamé aux agents leurs cartes de visite que j'ai tendues au sergent Trapp. Si jamais mon corps disparaissait, qu'il commence son enquête par ces deux types. Puis, je suis monté à l'arrière de leur voiture qui a emprunté l'Interstate 25, en direction du sud.

Quand j'ai voulu savoir pour la troisième fois où nous allions, je me suis encore vu opposer un silence de plomb. J'en ai compris la raison à hauteur du panneau de sortie NORAD. La voiture a tourné à droite vers Cheyenne Mountain, le site du Commandement nord-américain de la Défense aérospatiale. En découvrant les portes blindées de vingt-cinq tonnes qui protégeaient l'entrée du tunnel creusé dans la montagne, je me suis senti comme un gamin dans une boutique de bonbons. À l'époque – j'ignore si ça a changé depuis –, les officiers de mon rang n'entraient pas au NORAD. C'était, et c'est toujours, une installation de défense hautement sécurisée. Au moment de franchir le poste de contrôle, j'ai repensé à la première fois où j'avais entendu prononcer cet acronyme : NORAD.

C'était le soir de Noël, en 1963, à El Paso. J'avais dix ans, j'habitais dans East Yandell Street et j'étais élève à l'école élémentaire d'Alta Vista. Ma mère écoutait la radio. Le présentateur affirmait que le NORAD avait repéré le Père Noël en train de faire sa tournée à l'est des États-Unis. Le NORAD allait surveiller son trajet et, en levant la tête, nous pourrions peut-être apercevoir le traîneau, si par chance un rayon de lune faisait scintiller ses patins métalliques. Les plus observateurs pourraient même apercevoir le nez rose de Rudolph, le renne, qui brillait fort dans la nuit.

Mon frère cadet et moi avions couru dehors pour scruter le ciel. J'étais scout et je savais repérer la Grande Ourse et l'étoile polaire, mais localiser le traîneau du Père Noël tiré par Rudolph avec son « nez brillant » n'était pas aussi simple. Nous avions fini par abandonner. Une heure plus tard, nous étions au lit. En me réveillant le lendemain matin, j'avais découvert que le traîneau scintillant, détecté par le NORAD la nuit précédente, avait bel et bien trouvé son chemin jusqu'au 3308 East Yandell Street.

Les agents du BES ont remonté le tunnel. Nous sommes passés brutalement du jour à l'obscurité, éclairée par des lampadaires. Nous avancions sur une artère à deux voies, partagée par une ligne jaune continue. Je me demandais jusqu'où cette route s'enfonçait dans la montagne, le trajet me semblait interminable. J'étais si impressionné par l'imposante installation militaire que c'était peut-être une illusion d'optique, un tour que me jouaient mes sens.

À droite de l'entrée s'alignaient quinze bâtiments de deux étages chacun, équipés d'un système de suspensions leur permettant de bouger de deux centimètres et demi dans toutes les directions, et assurant leur résistance en cas de tremblement de terre ou d'explosion. Construit en pleine guerre froide avec l'ex-Union soviétique, le NORAD avait été conçu pour résister à une attaque nucléaire. Semblable à une ville bâtie dans les entrailles d'une montagne, avec son petit magasin, sa cafétéria, sa salle de fitness et son centre médical, il employait alors quelque six cents personnes.

Toutes ces informations, je les tiens du commandant en second de la base, un colonel noir, qu'un des deux agents du BES m'a présenté, une fois à l'intérieur d'un des bâtiments. Le colonel avait entendu parler de mon enquête « inédite ». Et lui aussi voulait en savoir plus.

C'était un fils du Sud, et mon récit détaillé autant que ma carte de membre du Klan l'amusaient beaucoup. Surtout ma querelle avec David Duke au sujet de l'appareil photo. Reprenant son sérieux, le colonel a demandé à voir mon classeur et sa liste nominative de soldats membres du Klan.

Comme les agents du BES dans mon bureau, il a fait glisser son doigt le long de la colonne de noms et s'est interrompu tout aussi brusquement. Il a attrapé son téléphone et, quand il a eu son interlocuteur au bout du fil, il nous a tourné le dos pour échanger quelques mots à mi-voix. Après avoir raccroché, il s'est de nouveau tourné vers moi, en me félicitant d'être parvenu à infiltrer le Klan. Il m'a serré la main et a quitté la pièce après s'être entretenu en privé avec les deux agents du BES.

« Bon, qu'est-ce qui se passe ? »

Sans jamais me préciser les noms, les agents m'ont expliqué que deux employés du NORAD bénéficiant d'un accès complet au bâtiment figuraient sur ma liste. Ils étaient chargés de la principale console de contrôle des systèmes de défense aérienne nord-américaine. Le colonel venait de prévenir le Pentagone et d'obtenir la permission de transférer les deux membres du Klan pour les éloigner des informations classées Secret Défense.

Le Pentagone jugeant que leurs activités pouvaient nuire à la sécurité nationale, il fallait agir vite. Apparemment, les membres du Klan allaient être envoyés au « pôle Nord », c'est-à-dire vers l'installation militaire américaine située le plus au nord du continent. Le colonel serait inflexible : le NORAD ne pouvait tolérer de telles conduites, ni de la part de ces deux individus ni de celle d'aucun autre employé.

Et c'est sur cette révélation que s'est achevée ma visite du lieu d'où l'on avait suivi le traîneau du Père Noël dans le ciel hivernal.

11.

En fumée

Chuck et le sergent Trapp n'en revenaient pas. Mon enquête avait touché les plus hauts échelons du gouvernement américain et fait tomber deux suprémacistes dotés d'habilitations de sécurité parmi les plus importantes de l'armée américaine. Pas mal, pour un jeune flic.

Dans les jours qui ont suivi ma visite dans les entrailles de la montagne, Ken m'a appelé trois fois au sujet des croix qu'il prévoyait de brûler sur les hauteurs de la ville. Et les trois fois, il m'a invité à y participer. Il m'a communiqué la date, l'heure prévue et le nombre de participants à la cérémonie.

Aussitôt, j'ai transmis les informations à la division des patrouilles en uniforme pour qu'ils envoient des voitures supplémentaires dans les parages. S'ils ne parvenaient pas à surprendre les membres du Klan en flagrant délit, ils les intimideraient assez pour les empêcher d'agir.

Il n'y avait pas de téléphones portables à l'époque, et nous ne connaissions pas encore les joies de la communication par messagerie instantanée. Il me faudrait attendre vingt-quatre heures pour savoir si ces efforts avaient porté leurs fruits.

Toujours contraint par le risque d'incitation, j'ai décliné l'invitation de Ken, prétextant des obligations ailleurs. Mais quand Ken m'a de nouveau rappelé, c'était pour m'apprendre qu'il avait dû annuler le projet. La police était partout. Sur l'un des sites, trois voitures de patrouille rôdaient au lieu d'une. Comme les deux fois précédentes, le Klan renonçait à une action violente. J'étais fier du travail de la police.

« Que vous a apporté cette enquête, puisque vous n'avez arrêté personne ni saisi la moindre contrebande ? », m'a-t-on souvent demandé. Ou alors : « Qu'est-ce qui vous rend le plus fier dans tout ce que vous avez accompli ? » Ma réponse est toujours la même : « Dans la police, la réussite ne s'évalue pas toujours au nombre d'arrestations ou à la quantité de contrebande saisie. Grâce à nos efforts conjoints, pas un seul parent, qu'il soit noir ou d'une autre minorité, n'a eu à expliquer à son enfant pourquoi une croix de neuf mètres brûlait sur la colline – et pour ceux qui sont nés dans le Sud et qui ont peut-être été témoins de ce genre de terrorisme, ça n'est pas rien. À Colorado Springs, pas un gamin n'a eu à éprouver cette peur viscérale. Un tel souvenir ne s'est pas imprimé dans leur conscience pour la consumer, comme il a pu dévaster celle de leurs parents. » Le succès se mesure parfois non pas à ce qui se passe, mais à ce qu'on a évité.

Maintenant que la visite de David Duke était derrière nous et que nous avions refroidi les ardeurs de Ken, je commençais à lever le pied sur les infiltrations. Chuck et Jim était accaparés par leurs enquêtes aux stups, et leurs priorités professionnelles devaient à présent l'emporter sur les miennes. D'autant que l'enquête sur le Klan n'avait rien arrangé dans mes rapports avec leur chef, Arthur. En matière de renseignement, nous n'obtenions plus grand-chose de nouveau sur le Klan. Je travaillais encore à l'identification des membres de la section locale et me tenais au courant de leurs activités grâce à mes conversations téléphoniques avec Ken. Mais les rencontres de visu avec Chuck et Jim avaient cessé. J'avais également conservé des contacts téléphoniques avec Fred Wilkens et David Duke, bien qu'ils fussent devenus moins fréquents et plus anodins. Ils ne servaient plus qu'à maintenir la communication.

C'est alors que survint un événement qui me permit d'approcher une autre personnalité historique du mouvement pour les droits civiques.

Le 29 mars 1979, à Colorado Springs, nous attendions la visite de Ralph David Abernathy, le bras droit de Martin Luther King, qui lui avait succédé à la tête de la Southern Christian Leadership Conference (SCLC) – chronologiquement sans doute la première organisation du mouvement pour les droits civiques. Chaque fois ou presque que Martin Luther King s'était heurté à des violences physiques, Ralph Abernathy avait été à ses côtés, partageant sa souffrance et son déshonneur. Sa visite à Colorado Springs était parrainée par une Église baptiste noire cofondée par ma tante à Fountain, une petite ville à une quinzaine de kilomètres au sud de Colorado Springs. Une belle opportunité pour l'église de se faire connaître.

L'église l'avait sollicité à la suite de la condamnation d'un jeune Noir de quinze ans, David Scott Lee, pour le meurtre d'un Blanc, cuisinier dans un *diner* du centre-ville ouvert vingt-quatre heures sur vingt-quatre. Le cuisinier, marié et père d'une petite fille, rentrait chez lui après avoir travaillé de nuit quand Lee était arrivé à sa hauteur et l'avait tué d'une balle. Lorsqu'on avait demandé à ce dernier ce qui l'avait poussé à commettre ce crime, l'adolescent avait répondu qu'il voulait voir « ce que ça faisait de tuer quelqu'un ».

Le procureur avait inculpé Lee de meurtre et décidé de le juger devant un tribunal ordinaire, comme un adulte. Une décision qui avait provoqué la colère du pasteur baptiste noir et de sa paroisse. Un mouvement de protestation pour la défense du meurtrier avait vu le jour, accusant le procureur de racisme : si le jeune Noir avait été jugé devant un tribunal pour enfants, la sentence aurait été moins lourde. Tous semblaient oublier qu'il s'agissait d'un meurtre commis de sang-froid. Le sort de la jeune veuve et de sa fille orpheline ne préoccupait visiblement pas les protestataires. Pour eux, la véritable victime était l'assassin de quinze ans. Celui qui avait tué parce qu'il voulait savoir ce que ça faisait.

La venue de Ralph Abernathy permettait à l'Église baptiste d'ajouter la caution d'une célébrité à sa cause. Toute l'argumentation du pasteur et de ses paroissiens reposait sur la couleur des deux jeunes gens.

Le même jour, environ vingt-cinq membres du Klan, certains portant leur robe et d'autres des T-shirt KKK WHITE POWER, s'étaient rassemblés devant l'église pendant le sermon de Ralph Abernathy. Fred Wilkens, Joseph Stewart et Tim se trouvaient parmi eux.

J'étais là, moi aussi, car mon chef m'avait informé un peu plus tôt que le département avait reçu des menaces de mort à l'encontre de Ralph Abernathy, provenant sans doute de membres du Klan. Le chef m'avait demandé d'assurer la sécurité personnelle du pasteur jusqu'à ce qu'il quitte la ville dans la soirée. Moi qui, trois mois plus tôt, avais été le garde du corps du Grand Sorcier du Ku Klux Klan, je me retrouvais à assurer la sécurité du leader d'un mouvement pour les droits civiques contre lequel le Klan luttait avec véhémence.

Après l'office, très honoré de la responsabilité qu'on m'avait confiée, je suis allé me présenter à Ralph Abernathy. Il s'est montré très poli, très bienveillant, un véritable gentleman du Sud. J'apprendrais plus tard qu'il avait été l'un des professeurs de ma belle-mère à l'Alabama State University. Il semblait apprécier qu'on se soucie de sa sécurité.

Certains paroissiens, en revanche, n'étaient pas du même avis. Tandis que je m'entretenais avec Abernathy, j'ai entendu le pasteur murmurer à quelques fidèles que je devais me prendre pour *Starsky & Hutch*. Il commentait ma tenue – jean, T-shirt et chaussures de sport –, semblable à celle que portaient les policiers de la série. Je m'étais toujours habillé de cette façon sans que ça gêne qui que ce soit. Mais le climat social était si tendu que ces paroissiens ne faisaient plus confiance à aucun représentant des forces de l'ordre. Opposés à une présence policière, ils m'en voulaient d'être là, avec Ralph Abernathy.

L'église avait prévu une manifestation au centre-ville, devant le palais de justice, où se situait le bureau du procureur de district. En attendant la marche, j'ai raccompagné Ralph Abernathy à son hôtel pour qu'il se repose. J'ai passé les deux ou trois heures suivantes dans sa chambre, en sa compagnie, à discuter. Je n'en revenais pas d'être là, avec cet homme que j'avais vu si souvent à la télévision et dans les journaux. J'étais éberlué qu'on m'ait confié sa sécurité.

Ôtant ses chaussures, il s'est étiré dans la causeuse. Même fatigué, il répondait cordialement à mes questions sur ses expériences dans le mouvement pour les droits civiques, sur ses souvenirs de Martin Luther King et sur le terrorisme du Klan dont il avait été victime. Il avait grandi dans le Sud, dans une atmosphère de menaces de mort permanente pour les Noirs. Victime d'une attaque à la bombe, il avait aussi vu son meilleur ami, son allié le plus proche dans la lutte – Martin Luther King – s'effondrer sur le balcon d'un hôtel de Memphis. Ralph Abernathy avait côtoyé la mort de près et ne courbait pas l'échine face aux menaces des terroristes en robe blanche.

C'est un euphémisme de dire que j'étais bouleversé de partager un moment en tête à tête avec lui. Je ne pouvais m'empêcher de songer que c'était un peu de Martin Luther King en personne que je rencontrais par procuration. Ralph Abernathy avait été à ses côtés presque toute sa vie d'adulte, depuis le boycott des bus à Montgomery, Alabama, en 1955-1956, l'événement déclencheur du mouvement pour les droits civiques.

Alors qu'il marquait une pause, je lui ai demandé s'il connaissait l'histoire qui avait mené à l'élan de protestation auquel l'église l'avait convié. D'après ses renseignements, le procureur avait inculpé à tort un jeune Noir de quinze ans pour le meurtre d'un Blanc. De surcroît, il avait traité l'enfant plus durement qu'il ne l'aurait fait s'il avait été Blanc.

J'ai décidé alors d'enfreindre le protocole et de m'impliquer personnellement dans l'affaire à laquelle on m'avait affecté. L'église lui avait menti, et il était de mon devoir de dire la vérité à cet homme honnête et bon, trésor vivant pour l'histoire de la communauté noire.

Je lui ai révélé les détails que le pasteur et ses ouailles avaient omis de mentionner. Quand j'ai évoqué la femme et la petite fille de la victime –

un jeune homme innocent qui n'avait jamais croisé son meurtrier auparavant –, Abernathy a dressé l'oreille. Et quand j'ai ajouté que le meurtrier avait voulu voir ce que ça faisait de tuer et choisi au hasard sa victime, l'étonnement a laissé place à la colère. J'ai insisté : il y avait eu des aveux, sur lesquels l'adolescent n'était jamais revenu. La victime aurait tout aussi bien pu être une personne de couleur. Et si cela avait été le cas, l'église en aurait-elle autant voulu au procureur ?

J'ai achevé mon récit en disant que cette pauvre victime avait travaillé dur, dans un boulot ingrat et mal payé, pour subvenir aux besoins de sa famille et qu'elle avait eu le malheur de croiser le chemin d'un jeune esprit malade assoiffé de sang. Il n'y avait de racisme nulle part dans ce dossier, sinon parce que le hasard avait voulu que la victime soit blanche et le meurtrier noir.

Ralph Abernathy a changé d'expression. Il venait sans doute de se rendre compte qu'il avait été dupé, que tout avait été une ruse pour accoler son nom à la vendetta personnelle du pasteur contre le procureur de district. Il réfléchissait à la manière de faire machine arrière maintenant. Sa venue avait fait beaucoup de bruit et sa situation n'était pas simple. Brusquement, il s'est redressé et m'a lancé : « Voilà qui change un peu la donne, non ? » Puis il s'est tu de nouveau. « Je crois bien, monsieur, ai-je répondu. En tout cas, pour moi, ça la changerait. »

Peu après, le pasteur est venu chercher Abernathy afin de le conduire à la manifestation devant le tribunal. Je les observais en train de discuter à voix basse. Je n'entendais pas ce qu'ils se disaient, mais la conversation semblait vive et leurs gestes en disaient long. Ralph Abernathy tranchait l'air de ses mains. Plusieurs fois, il s'est tourné vers moi en me désignant d'un grand geste du bras. Le pasteur semblait sur la défensive. Il essayait de calmer son interlocuteur et, lui aussi, regardait de temps en temps dans ma direction. À ses œillades furibardes, je voyais bien que l'esprit du Seigneur ne régnait pas dans son cœur.

Mes propos avaient-ils fait leur chemin dans la tête de Ralph Abernathy ? Voyait-il d'un autre œil sa mission à Colorado Springs ? Je n'aurais jamais la réponse, car personne ne m'en soufflerait mot par la suite. Le pasteur baptiste me connaissait par ma tante, cofondatrice de son église. Et quand, le lendemain, j'assénerais à cette dernière que son église avait menti à Ralph Abernathy, que ce mouvement de protestation avait simplement servi à se faire un peu de publicité aux dépens de cet homme, elle se braquerait. Et refuserait même de m'adresser la parole pendant un certain temps.

Les deux hommes ont fini par se taire, Ralph Abernathy tentait de se ressaisir, tandis que le pasteur me décochait des regards chargés d'amertume. Nous avons quitté la chambre d'hôtel pour nous rendre au palais de justice. Vingt-cinq membres du Klan, en robe ou en T-shirt KKK WHITE POWER, nous y attendaient. Ils marchaient en cercle, brandissant des pancartes qui condamnaient les manifestants baptistes et qui soutenaient la décision de poursuivre l'adolescent devant un tribunal ordinaire.

Ralph Abernathy et le pasteur ont rejoint les paroissiens, parmi lesquels j'apercevais ma tante. Sans pancartes ni vociférations, ceux-ci se sont lancés dans leur propre version d'une contre-manifestation, en chantant des Negro-Spirituals. Tout se déroulait dans la plus pure tradition de la désobéissance civile, telle que l'avait conçue la communauté noire américaine. Ralph Abernathy a entonné l'hymne du mouvement pour les droits civiques, « We shall overcome ». Tous l'ont suivi en savourant l'instant. Les visages et les épaules étaient soudain délestés du poids des ans. Honorés par la présence de l'un des plus grands leaders de la lutte, les manifestants ont formé un cercle pour se prendre par la main, comme beaucoup l'avaient vu faire jadis sur leurs écrans de télévision, quand cet homme et son ami Martin Luther King tenaient les rênes. Se balançant de droite à gauche, ils chantaient :

We shall overcome, we shall overcome. We shall overcome someday, someday. Deep in my heart, I do believe We shall overcome, someday[1]…

À l'écart, je jugeais sévèrement cette triste mascarade : ma tante, le pasteur et les autres paroissiens « escroquant » un vénérable représentant de l'histoire collective de notre peuple. Abernathy méritait mieux. Les manifestants semblaient se délecter de la présence d'un homme de sa stature politique, qui avait versé son sang pour les Noirs américains. À travers sa participation, et malgré cette levée de boucliers contre une fausse injustice raciale, tous voulaient vivre un bout de cette lutte.

David Scott Lee, le meurtrier de quinze ans, fut condamné à perpétuité et purge toujours sa peine au Colorado State Penitentiary.

Le lendemain, 30 mars, j'ai reçu un appel de Ken sur la ligne sécurisée. Il ne voulait pas en démordre : je devais absolument accepter de le remplacer à la tête de la section locale du Klan car Joseph Stewart et lui n'allaient plus tarder à quitter Colorado Springs. La section avait besoin

1. « Nous vaincrons, nous vaincrons. Nous vaincrons un jour. Au fond de mon cœur, je sais que nous vaincrons un jour. »

de quelqu'un de solide, de raisonné et qui vivait dans le coin, pas d'un militaire qui irait et viendrait au gré de ses fonctions. La section avait besoin de stabilité. Et c'était ce que je pourrais lui apporter. Les membres m'avaient tous désigné pour assumer ce rôle. Nous devions discuter des modalités de la transition.

J'ai essayé une fois de plus de l'en dissuader. D'abord, en reprenant ma vieille antienne : la modestie. Je ne méritais pas un tel honneur et mon travail m'en empêchait. Mais Ken avait réponse à tout et ne doutait pas qu'on trouverait une solution. Puis j'ai suggéré d'autres noms, qu'il a tous écarté catégoriquement. Il a raccroché en m'annonçant qu'il me rappellerait rapidement pour finaliser tout ça.

Le sergent Trapp, auquel j'avais rapporté l'affaire, a suggéré qu'on en discute avec le chef.

En préambule, j'ai fait un point rapide sur l'ensemble de l'enquête : les précieux renseignements collectés sur deux des groupuscules racistes les plus virulents (le Klan et le Posse Comitatus) ; la découverte de leur infiltration dans nos installations militaires (l'US Army, l'Air Force et le NORAD) ; le Black Panther Party et les Black Muslims que nous avions réussi à garder à distance de Colorado Springs, afin qu'ils ne viennent pas mêler leur venin verbal à celui du Klan et nuire à la dynamique sociale ; les croix qu'à deux reprises au moins le Klan avait échoué à faire flamber ; et l'impact national des informations que nous avions réussi à obtenir, tant pour les forces de l'ordre que pour les organismes privés tels que l'ADL.

Je voulais convaincre mon supérieur d'accepter la proposition de Ken. En travaillant main dans la main avec le bureau du procureur, nous trouverions une solution aux risques d'incitation qui pourraient se présenter. Et occuper un poste clé dans l'organisation nous offrirait une chance unique d'avoir accès à des informations sur le Klan et, par extension, sur les autres groupuscules de la fachosphère.

Partisan de poursuivre l'enquête, le sergent Trapp m'apportait son soutien plein et entier. Le chef, en revanche, a refusé de se laisser convaincre. Il ne voulait même pas en discuter.

Il m'a ordonné de clore l'enquête sur-le-champ, de cesser tout contact avec Ken et les membres du Klan. Il exigeait du sergent Trapp qu'il fasse changer le numéro de téléphone de la ligne sécurisée de façon à ce que Ken ne puisse plus me joindre. Je n'avais plus le droit de répondre à aucun courrier venu du Klan. Le chef était clair : le « Ron Stallworth – membre du Klan » devait disparaître.

On m'a souvent demandé pourquoi cet homme avait tout mis en œuvre pour que l'enquête soit supprimée des archives. Je ne sais jamais trop quoi répondre, car je ne suis à sa place, mais ce que je sais, c'est qu'avant de prendre la tête du CSPD, il avait été en charge des relations publiques.

Je crois qu'il craignait des fuites. En termes de communication, si l'information selon laquelle des agents du CSPD avaient prêté serment au Ku Klux Klan était venue à se répandre, l'effet aurait été désastreux.

J'ai demandé au chef une explication. C'était simple : il ne voulait aucune trace nulle part d'un « Ron Stallworth – membre du Klan ». Même chose pour Jim Rose. Il m'a donné l'ordre de détruire les preuves d'une enquête de la police de Colorado Springs au sein du Ku Klux Klan.

Ce jour-là, je me suis opposé avec véhémence à sa logique. À tel point que le sergent Trapp me tapotait discrètement le genou pour tenter de me calmer. Mais rien ne pouvait me faire taire. Nous avions accompli notre enquête dans un cadre strictement légal, sans déroger à la morale, sans jamais contrevenir aux règlements internes. Nous avions chaque fois obtenu l'aval du sergent Trapp. Nous plier à cette exigence, ai-je insisté, suggérerait que la brigade de renseignement avait fauté. Or ce n'était pas le cas.

Mais le chef était catégorique : TOUT devait être détruit, ce qui incluait l'ensemble des rapports rendus par les agents impliqués.

À contrecœur, j'ai fini par lâcher prise et par retourner dans mon bureau avec le sergent Trapp. Hors de moi, je marmonnais dans ma barbe tous les jurons que je connaissais, et j'en inventais même de nouveaux. Trapp n'était pas en reste. Je l'ai entendu proférer pour lui-même : « C'est un salopard, ce n'est pas juste. » Jugement sans appel. Près d'un an de travail précieux et novateur allait être détruit à cause d'un chef timoré, anxieux face à une « éventuelle » réaction négative. Tout ça pour protéger une image qu'il avait peur de voir ternir. L'indignation des habitants de la ville face au Klan indiquait pourtant que nous aurions sans doute récolté des applaudissements. En termes de relations publiques aussi, cette investigation aurait pu devenir un beau coup.

Sous les yeux du sergent Trapp, je me suis mis à broyer un rapport, puis un autre – les plus inoffensifs. Pendant ce temps, plusieurs fois, la ligne sécurisée a sonné. N'ayant plus le droit au moindre contact avec Ken, je n'ai pas pris la peine de décrocher. À l'époque, les numéros ne s'affichaient pas, et j'ignorais qui appelait. Dès que le sergent Trapp s'est absenté, j'ai attrapé le classeur, les pièces accumulées au fil de l'enquête, et je suis rentré chez moi. C'était il y a trente-cinq ans. Et je ne me suis jamais séparé de ces documents. C'est eux qui ont servi de matériau de base pour ce livre.

Comment expliquer mon acte ? Certes, le chef m'avait ordonné de « supprimer des archives » toutes les preuves de l'enquête menée par le CSPD. Mais sans préciser « comment ». En les emportant chez moi, je faisais bien disparaître toute trace officielle de cette affaire. Alors ai-je menti à mes supérieurs ? Personne ne m'ayant posé la question, je n'ai jamais eu à m'interroger sur la réponse à y apporter.

Si le sergent Trapp ou n'importe quel autre collègue avait été au courant de mes agissements, il aurait été obligé d'en rendre compte à l'Inspection générale des services. Car en prélevant des documents de police sans autorisation et en désobéissant à un ordre venu d'en haut, j'avais doublement enfreint les règles. J'aurais pu écoper d'une suspension ou être révoqué. Pourquoi ai-je mis ma carrière en danger ?

Cette enquête était unique en son genre – dans sa distribution en tout cas. Un flic noir encarté au KKK. Aucun être sensé ne me croirait sur parole. Sans le dossier d'enquête et tous les souvenirs du Klan qu'il contenait, je n'aurais plus aucune preuve de ce que j'avais accompli. Or je voulais qu'il reste autre chose que le récit oral des souvenirs, ceux qui s'effritent avec le temps et, pour certains de mes collègues, avec l'alcool.

La phase active de mon enquête au sein du Ku Klux Klan était « officiellement » terminée. « Ron Stallworth – membre du Ku Klux Klan » sortait de scène. Plus un membre du Klan n'entendrait jamais parler de lui. Mes conversations téléphoniques avec David Duke ont aussi cessé. Mon enquête était close. J'étais fier de mes équipes, fier de moi en tant que Noir américain.

Je ne saurai jamais qui m'avait téléphoné avec insistance le soir où je feignais de détruire les dossiers. Mais le Bell's Nightingale, la boîte de nuit qui avait accueilli Stokely Carmichael en 1975, avait organisé une levée de fonds pour David Scott Lee, le meurtrier de quinze ans qui avait tué un Blanc innocent. Et quelques heures plus tard, une croix brûlait devant le bâtiment. Était-ce Ken qui m'avait appelé pour me faire part de ce projet ? Je ne le saurai jamais.

Et aucun responsable ne fut jamais désigné.

Épilogue

L'enquête a été officiellement close en avril 1979, mais j'ai continué à recevoir des renseignements sur l'activité du KKK. Certains étaient sérieux et j'essayais autant que possible de les traiter, sans perdre de vue que mon nom ne devait plus jamais être associé au Klan. D'autres venaient de types qui cherchaient à associer leur nom à l'enquête dans l'espoir d'un transfert à la brigade de renseignement. Dans ce registre, le plus assidu demeurait l'agent Ed. Certaines de ses informations étaient si insignifiantes que je refusais de les inclure dans le dossier que j'avais ouvert depuis que l'autre avait disparu. Ses efforts pour entrer dans les petits papiers du sergent Trapp n'ont jamais abouti, en tout cas pas avant que je quitte le CSPD. Dès lors, je n'ai plus reçu la moindre information sur les projets de croix de feu et je n'ai plus jamais entendu parler des membres du PLP ni d'aucun représentant des autres associations anti-Klan de Colorado Springs.

Une fois close l'enquête sur le KKK, je suis devenu agent d'infiltration aux stups. Le lieutenant Arthur a été promu capitaine – un obstacle de plus dans ma carrière. Il était temps que mon destin me conduise ailleurs, là où Arthur ne pourrait pas se mettre en travers de ma route. Alors j'ai décidé de quitter la police de Colorado Springs.

J'ai passé un an en mission spéciale dans l'Organized Crime Strike Force du bureau du procureur général, avant de chercher de plus verts pâturages. Après deux ans à Phoenix, de 1980 à 1982, où j'étais enquêteur pour l'Arizona Drug Control District et l'Arizona Criminal Intelligence Systems Agency, j'ai décroché un poste d'agent d'infiltration spécialisé dans les affaires de stupéfiants pour la Division of Criminal Investigations du bureau du procureur du Wyoming. Pendant quatre ans, de 1982 à 1986, j'ai été le seul flic noir dans l'océan de têtes blanches qu'est le Wyoming, puis j'ai été engagé par le Department of Public Safety's Narcotics & Liquor Law Enforcement Bureau dans l'Utah. C'est là-bas, dans l'Utah, que ma carrière a connu une nouvelle étape importante.

Salt Lake City était confrontée à un afflux de crack en provenance de Los Angeles, revendu par des membres locaux des deux gangs de la côte ouest : les Crips et les Bloods. On m'a commandé un rapport destiné à apporter une réponse stratégique au problème. Ce rapport a mené à la création du Salt Lake Area Gang Project (Metro Gang Unit), première unité multijuridictionnelle spécialisée dans les gangs et mise en place dans l'État. Le projet fête aujourd'hui sa vingt-septième année.

Au début des années 1990, j'ai également été l'auteur de plusieurs livres et articles sur les liens entre le Gangsta Rap et la culture des gangs de rues. J'ai donné des conférences sur le sujet dans tout le pays – et témoigné à trois reprises devant le congrès. J'ai été acclamé par mes pairs comme « le plus grand spécialiste des forces de police sur le sujet ».

Si je pense à l'époque où je suis entré dans la police, avec l'idée de devenir professeur d'éducation physique, je me dis que j'ai connu un succès professionnel dont je n'aurais pas osé rêver. Au fil des ans, j'ai accumulé les honneurs. J'ai reçu une recommandation du CSPD et de l'Organized Crime Strike Force pour mes infiltrations. La Drug Enforcement Administration et le Bureau of Alcohol, Tobacco, Firearms and Explosives ont reconnu mon travail de formation de leurs agents à la culture des gangs de rue. Mes recherches sur les liens entre cette culture et le Gangsta Rap m'ont valu un prix, le Frederic Milton Thrasher

Outstanding National Leadership Lifetime Achievement Award remis par le National Gang Crime Research Center. Et, par deux fois, le Department of Public Safety de l'Utah m'a attribué son Distinguished Service Award. Je vis maintenant avec ma femme à El Paso, au Texas.

Chuck, mon alter ego blanc, a continué à s'illustrer au CSPD. Quand il a pris sa retraite, il était sergent. La carrière de Jimmy Rose, quant à elle, a pris une autre direction. Environ trois ans après mon départ, il a lui aussi décidé de voir plus grand. Il a rejoint la Drug Enforcement Administration en qualité d'agent spécial, il en est devenu quelques années plus tard le superviseur. Retraité, il vit aujourd'hui à l'étranger.

En 1982, deux ans après mon départ, une vaste enquête, menée conjointement avec le CSPD, a conduit à l'arrestation de dix individus soupçonnés de vendre de la dynamite, des détonateurs, des amorces à retardement, des cordeaux détonants et des armes automatiques. Chuck Howarth, le chef du Posse Comitatus, figurait parmi eux. Lors d'une perquisition sur son lieu de travail, les enquêteurs ont trouvé des robes et de la documentation du Ku Klux Klan.

Un porte-parole de la police de Denver indiquerait à un journaliste qu'Howarth était apparemment le chef de l'United Klans of America, et portait le titre, selon les dires de l'intéressé, de « Cyclope exalté ». Si mon enquête avait pu se poursuivre, aurait-il été possible d'anticiper ces dérives et de stopper Howarth dans son élan ? On ne le saura jamais. Howarth fut condamné à deux ans de prison pour détention illégale d'explosifs et d'engins incendiaires. Il est mort aujourd'hui.

Depuis ce jour de novembre 1972 où l'on m'a demandé si je pouvais, comme Jackie Robinson, ne pas répondre aux attaques des Blancs, le CSPD a fait d'immenses progrès, c'est sûr. La diversité est partout dans ses rangs, et c'est un bien meilleur service de police. Je suis heureux de dire que j'ai porté un jour son uniforme et son insigne.

Après l'enquête sur le Klan, les mentalités ont continué d'évoluer et les Noirs ont été de plus en plus nombreux à rejoindre les équipes du CSPD. Trois mois environ après mon arrivée en tant que cadet, on avait déjà engagé un technicien de l'identité judiciaire noir, puis quatre agents en uniforme. L'un d'eux, Robert Sapp, est devenu le premier sergent noir de l'histoire du service. Environ un an après mon arrivée, la première femme noire a rejoint les rangs des cadets. Plus tard, elle a intégré la police.

Les recrutements d'agents noirs se sont poursuivis jusqu'à mon départ. L'une des nouvelles recrues de l'époque, Fletcher Howard, a été promu commandant en 2008, ce qui le plaçait en troisième position dans la hiérarchie. Il a pris sa retraite en 2016, au terme de trente-huit ans de service. Un article de la *Gazette* du 28 mars 2016 sur la place des minorités au CSPD donnait les statistiques suivantes :

1 lieutenant (femme)
4 sergents
25 agents

Plus besoin d'être Jackie Robinson.

Aujourd'hui, ceux qui connaissent mon histoire me demandent souvent s'il existe des parallèles entre ce qui se passait il y a quarante ans et l'époque que nous vivons actuellement. Toujours, je leur réponds par un grand oui ! Sonore et sans équivoque.

David Duke, Fred Wilkens et Ken O'Dell n'avaient rien inventé. Leur rhétorique haineuse et fanatique, comme leur détermination à semer la terreur, s'inscrivait en droite ligne de celle des penseurs suprémacistes qui les avaient précédés, et ce depuis la création du Klan à la fin de la guerre de Sécession. Nous en entendons toujours l'écho dans le climat politique d'aujourd'hui. En août 2017, à Charlottesville, en Virginie, des nationalistes blancs ont organisé un rassemblement, nommé Unite Right Rally. David Duke se trouvait parmi eux. Une contestataire antiraciste a trouvé la mort quand un suprémaciste de l'extrême droite américaine, qu'on appelle aujourd'hui « droite alternative » ou alt-right, a foncé dans la foule des contre-manifestants. Une tragédie. Le parallèle avec mes propres expériences dans les années 1970 est évident.

À l'époque de nos conversations, Ken O'Dell avait mentionné son projet de milices de surveillance des frontières pour empêcher les *wetbacks*, c'est-à-dire les immigrants illégaux, de traverser le Rio Grande à El Paso. Il disait que le Klan serait armé de fusils à lunette et que ses membres tireraient à vue. Quant au Grand Sorcier David Duke, il avait affirmé, en 1977, dans un numéro du *Crusader* : « Nous avons la conviction profonde que les Blancs sont en train de devenir des citoyens de seconde zone dans ce pays... Quand je pense à l'Amérique, je pense à un pays blanc. » Dans le même article, il expliquait que mille membres du Klan allaient patrouiller le long des routes secondaires et de la frontière à hauteur de San Ysidro, en Californie. Ces projets ressemblent à s'y méprendre au mantra de Donald Trump pendant sa campagne présidentielle, quand il disait vouloir construire « un grand mur le long de la frontière mexicaine pour garder leurs violeurs et leurs dealers de drogue hors de notre pays ».

Les idées nationalistes et nativistes blanches d'aujourd'hui ont été imaginées et mises en pratique par le David Duke de la grande époque, quand il dirigeait le Klan. Sa haine n'a jamais faibli, elle a même trouvé un nouveau souffle – dans les sombres recoins du Web, grâce aux trolls sur Twitter, aux publications de la fachosphère, et à un président Trump ouvertement nativiste.

Si au XIXe siècle, le parti républicain de Lincoln était le principal opposant à la montée du Ku Klux Klan et à la domination suprémaciste, au moins pour ce qui concernait les esclaves noirs nouvellement affranchis, le parti républicain actuel nourrit des liens symbiotiques avec les groupes nationalistes blancs comme le Klan, les néonazis, les skinheads et autres suprémacistes de la droite alternative. On en voyait déjà les prémisses au moment de la présidence de Lyndon Johnson, laquelle a entraîné une vague de défections sudistes (les Dixiecrats, comme on les appelait) du parti démocrate vers le parti républicain, pour protester contre le soutien des premiers aux droits civiques des minorités. Dès lors, la lente glissade vers l'extrême droite n'a fait que se confirmer, le parti adoptant peu à peu toutes ces idées que les non-Blancs ne pouvaient qu'abhorrer.

David Duke s'est présenté deux fois à des élections en Louisiane en tant que démocrate, et il les a perdues. En revanche, lorsqu'il a rejoint les rangs républicains, plus proches de son idéologie, les électeurs de son district lui ont offert un siège à la chambre des représentants de l'État. Dans les deux cas, son idéologie est restée la même : un populisme nativiste et une rhétorique raciste soutenue par un ethno-nationalisme, ou un ethno-suprémacisme. La seule différence, c'étaient les électeurs. Alors que les démocrates ne voulaient pas de sa politique, les républicains l'ont accueillie à bras ouverts.

Quant au Progressive Labor Party (PLP), il a lui aussi des liens historiques avec le mouvement Antifa (les antifascistes), les communistes, les socialistes et les anarchistes radicaux d'aujourd'hui. À l'instar du mouvement Antifa, le PLP rejetait l'autorité de la police et du gouvernement et voulait se charger lui-même de mettre en échec la droite extrémiste. L'un comme l'autre sont convaincus que le gouvernement dans son ensemble et la police en particulier soutiennent et encouragent les groupuscules tels que le Ku Klux Klan. Ils sont tout aussi persuadés qu'on ne peut pas espérer du gouvernement ni de la police, trop liés par la Constitution des États-Unis, qu'ils agissent dans l'intérêt du peuple. De même que le PLP dans les années 1970, le mouvement Antifa est aujourd'hui convaincu que la violence est nécessaire, et la confrontation physique appropriée – quelles qu'en soient les conséquences. Notre histoire est toujours notre présent.

Je sais que parmi mes réussites professionnelles, la plus passionnante et la plus intrigante restera mon enquête sur le Ku Klux Klan et la façon dont j'ai réussi à berner le Grand Sorcier et sa coterie de fidèles. Elle m'a défini et a toujours fasciné ceux qui en entendaient parler.

Remerciements

Merci à Monsieur Elroy Bode qui fut mon professeur d'anglais en classe de première, en 1969, à la Austin High School d'El Paso, Texas. Auteur publié et primé, Monsieur Bode a aimablement accepté de « me renvoyer sur les bancs de l'école » et de réviser mon manuscrit.

J'ai renoué avec Monsieur Bode lorsque je suis retourné vivre à El Paso en 2016 après quarante-quatre ans d'absence. Il avait été mon professeur, il est devenu un ami, avant d'assumer les responsabilités de mentor. Mes conversations avec lui comptent parmi mes souvenirs les plus chers. Même adulte, j'avais l'impression d'être de nouveau au lycée, à m'imprégner de la sagesse d'un aîné, et en particulier de tout ce qui avait trait à l'écriture (c'est lui qui, peu à peu, m'a convaincu que j'avais un talent pour les mots). Je sortais de ces conversations le cœur gonflé de gratitude et la tête pleine de réflexions profondes à méditer.

L'honneur et le privilège de partager un peu de son temps m'enrichissaient chaque fois un peu plus.

Monsieur Bode, hélas, s'est éteint le 10 septembre 2017. Merci, Monsieur Bode (et merci à Phoebe, sa veuve) de m'avoir permis de partager ces beaux moments avec vous. Merci pour votre gentillesse, votre temps, et votre patience. Vous étiez, et serez toujours, mon « professeur ».

Un grand merci plein d'amour à ma femme, Patsy Terrazas-Stallworth. Après la perte de ma première épouse, décédée d'un cancer en 2004, j'ai passé six ans à errer dans un désert émotionnel. Le 10 décembre 2010, Patsy est revenue dans ma vie.

Nous avions été dans le même lycée, dont nous étions tous les deux sortis diplômés en 1971. Nous avions tous les deux eu Monsieur Bode comme professeur d'anglais en première, même si nous n'étions pas dans la même classe. Elle aussi avait vu son premier mari emporté par un cancer quelques mois avant nos retrouvailles. Elle habitait El Paso et moi dans l'Utah. Ce jour de décembre, nous avons parlé plus de trois heures au téléphone. Et tous les jours qui ont suivi, nous avons continué, parfois pendant cinq heures d'affilée, au moins deux fois par jour, jusqu'à notre mariage, le 26 mai 2017. Ses yeux ont été les premiers à se poser sur mon manuscrit, et elle m'a souvent fait part de commentaires que j'ai fréquemment pris en compte. Elle est mon rocher, mon plus grand soutien et, toujours, « ma douce ».

Un grand hourra aussi à Andy Francis, qui gère mes affaires. Rien de tout ça n'aurait été possible sans votre soutien.

Merci à Joel Gotler et Murray Weiss, chez Intellectual Property Group, mon agent littéraire.

À James Melia, mon éditeur chez Flatiron Books. Ce fut un plaisir de travailler avec vous sur ce projet. Merci pour votre patience.

Mes remerciements particuliers à Pete Bollinger, convaincu que mon histoire méritait un grand public.

Shaun Redick, Sean McCittrick et Ray Mansfield, de QC Entertainment, je vous serai éternellement reconnaissant d'avoir cru à l'avenir de ce récit sur grand écran et d'avoir permis que ce rêve devienne réalité.

Enfin et surtout, merci à Jordan Peele et à Spike Lee qui ont décidé d'en faire leur projet. Je vous en serai éternellement redevable.

Ce livre est basé sur mes souvenirs et mes expériences, tant concernant mon enquête au sein du Klan que mon quotidien de jeune inspecteur à Colorado Springs. Je me suis également appuyé pour ma recherche sur des livres que j'aimerais mentionner ici : *L'Autobiographie de Malcolm X*, telle que racontée à Alex Haley [Grasset, 1993, traduction française d'Anne Guérin] ; *Criminal Justice in Action* par Larry Gaines et Roger LeRoy Miller [non traduit] ; *Ku Klux Klan : A history of racism and violence*, une publication du Southern Poverty Law Center [non traduit] ; *Days of rage* de Brian Burrough [non traduit] et *Hooded Empire : The Ku Klux Klan in Colorado*, de Robert Alan Golderg [non traduit].